Carl Rodenberg

Die vita Walae als historische Quelle

Carl Rodenberg

Die vita Walae als historische Quelle

ISBN/EAN: 9783743631281

Hergestellt in Europa, USA, Kanada, Australien, Japan

Cover: Foto ©ninafisch / pixelio.de

Weitere Bücher finden Sie auf **www.hansebooks.com**

DIE
VITA WALAE

ALS HISTORISCHE QUELLE.

INAUGURAL-DISSERTATION

ZUR

ERLANGUNG DER PHILOSOPHISCHEN DOCTORWÜRDE

AN DER

UNIVERSITÄT ZU GÖTTINGEN

VON

CARL RODENBERG
AUS BREMEN.

GÖTTINGEN, 1877.
DRUCK DER DIETERICH'SCHEN UNIVERS.-BUCHDRUCKEREI
(W. FR. KÄSTNER).

Für die Beurtheilung der Zeit Ludwigs des Frommen ist es äusserst wichtig, welchen Werth als historischer Quelle man der V. Walae beimisst. Diese Schrift des Radbertus Pascasius, deren ursprünglicher Titel Epitaphium Arsenii ist, steht vielleicht einzig da in der Literatur der karolingischen Zeit und ist durch Form und Inhalt gleich auffallend. Statt einer fortlaufenden Erzählung nach Art der V. Caroli und der V. Hludowici giebt uns nämlich der Verfasser ein Gespräch von Mönchen von Corbie, welches zum Gegenstande das Leben des Wala hat, aber damit nicht genug, hat er es auch für gut befunden, allen Personen, von denen er spricht, statt ihrer wirklichen, historischen Namen erdichtete beizulegen, z. B. den Wala Arsenius, Kaiser Ludwig Justinian zu nennen. Schon diese absichtliche Dunkelheit giebt dem Erklärer manches Räthsel zu rathen, doch hat bereits Mabillon[1]) erkannt, wer hinter den erdichteten Namen verborgen sei, und hat damit das Verständniss wesentlich erleichtert. Allein, ist man auch jetzt so ziemlich im Stande zu bestimmen, was Radbert hat sagen wollen, so macht doch die andere Frage, welchen Grad von Glaubwürdigkeit seine Angaben beanspruchen können, um so grössere Schwierigkeit. Bis vor Kurzem hat die V. Walae für eine der wichtigsten und besten Quellen zur Geschichte Ludwigs des Frommen gegolten und ist als solche von Funk[2]), Himly[3]), Dümmler[4]),

---

[1]) Mabillon, Acta SS. Saec. IV, a. 453.
[2]) Funk, Ludwig der Fromme.
[3]) Himly, Wala et Louis le Débonnaire.
[4]) Dümmler, Gesch. des ostfränkischen Reichs.

überhaupt von Allen, welche über diese Zeit geschrieben haben, ohne Bedenken benutzt worden. Wohl erkannte man in ihr eine dem Hofe feindliche Tendenz, aber man schätzte sie auch als den Bericht eines Augenzeugen. Neuerdings ist dagegen Simson in den Jahrbüchern des fränkischen Reichs unter Ludwig dem Frommen mit einem ganz anderen Urtheile hervorgetreten. Band I, S. 386 sagt er: „Ueberhaupt ist das Epitaphium Arsenii ein Machwerk, dem man nur insoweit mit Sicherheit vertrauen kann als seine Angaben durch bessere Quellen bestätigt werden", und Vorwort IX: „Aber auf der anderen Seite erregt es Erstaunen, welches Gewicht man auf die Declamationen eines Autors gelegt hat, dem die Unwahrhaftigkeit an der Stirn geschrieben steht, der eine Sache vertheidigt, gegen welche das natürliche Gefühl sich empört, eine kirchlich-politische Tendenz verficht, die der naturgemässen Entwickelung der Dinge zuwiderlief und daher von Rechts wegen unterlag". Simson sieht also in der V. Walae eine Parteischrift im schlimmsten Sinne, ein Pamphlet, das absichtlich die Thatsachen entstellt. Man hätte wohl erwarten dürfen, dass er ein so hartes Urtheil ausführlich begründen würde, was indessen nicht geschehen ist. Da somit die Frage zur Zeit noch eine offene ist und doch die Wichtigkeit des Gegenstandes eine Entscheidung wünschenswerth macht, so wollen wir die V. Walae einer neuen Prüfung unterwerfen und festzustellen suchen, was wir von ihrem Werthe als historischer Quelle zu halten haben.

Wo es sich darum handelt, den Werth einer Quelle zu untersuchen, fragen wir in erster Linie nach den Lebensverhältnissen des Verfassers, nach seiner Parteistellung, seiner Bildung, seinem Charakter, um zu erkennen, wie sich in seinem Geiste die Ereignisse reflektiren mussten. Daher ist es natürlich, dass wir mit einer Biographie des Radbertus Pascasius beginnen. Sodann haben wir an der Hand der anderen Quellen die historischen Fakta der V. Walae einzeln und in ihrem Zusammenhange durchzugehen, wobei wir auch zu berücksichtigen haben, wie sie berichtet werden und was nicht berichtet wird. Auf diese Weise finden wir, von welchem Standpunkte aus der Verfasser die Geschichte seiner Zeit betrachtet, wir bekommen gleichsam eine mathematische Formel, mit der sich weiter operiren lässt. Denn durch sie sind wir im Stande, auch über die Begebenheiten zu urtheilen, welche uns in der V. Walae allein überliefert sind.

Leben des Radbertus Pascasius.

Das Material zu einer Biographie des Radbert findet sich bei Mabillon, Acta SS. IV, b, 122 u. folg., wo alle auf sein Leben bezüglichen Stellen, hauptsächlich aus seinen eigenen Schriften, mit der grössten Sorgfalt gesammelt sind. Man vergleiche auch Bähr, Geschichte der römischen Literatur im karolingischen Zeitalter § 179 u. folg.

Wann und wo Radbert geboren ist, wissen wir nicht. Er selbst nennt sich einen alumnus der Nonnen im Kloster der Mutter Gottes zu Soissons, woraus wir schliessen dürfen, dass er aus dieser Stadt, wenigstens aus der Umgegend derselben stammt. Ebenso lässt sich mit einiger Wahrscheinlichkeit sein Geburtsjahr berechnen. Er muss vor 812 ins Kloster Corbie getreten sein, da, wie er selbst sagt, er durch Adalhard zu diesem Schritte bewogen wurde, dieser sich aber von 812—814 als Missus in Italien nachweisen lässt (Simson I, 7) und von 814—821 in der Verbannung zu Noirmoutier lebte. Wenn wir ferner hören, dass er schon, ehe er Mönch wurde, sich lange Zeit mit weltlichen Dingen beschäftigt hatte (longe diu in saeculo exsulatus), und dazu bedenken, dass er 865 gestorben ist, so können wir sein Geburtsjahr wohl nicht früher als 785, nicht später als 795 setzen. Er hat also mit Wala seine besten Jahre verlebt, denn als derselbe 836 starb, war er mindestens 40, höchstens 50 Jahre alt, und danach sollte man ihn für vorzüglich geeignet halten, das Leben desselben zu schreiben.

In Corbie zeichnete sich Radbert früh durch seinen regen wissenschaftlichen Eifer aus: vornehmlich beschäftigte ihn die Erklärung der Bibel, dass er dabei aber nicht das Studium der Alten vernachlässigte, bezeugen die vielen Citate in der V. Walae und seinen anderen Schriften. Mit Wala, den er vor dessen Eintritt ins Kloster nicht gekannt hat (V. W. I, 2 u. 6), muss er bald befreundet geworden sein; wir finden ihn 822 mit diesem und dem älteren Adalhard zur Neubegründung von Corvey in Sachsen, wie er selbst sagt: quasi tertius inter eos in omni negotio (V. W. I, 14). Vielleicht aber spricht er von seiner eigenen Person etwas zu selbstgefällig; denn er hat den Wala auf der Reise, die derselbe 822 in politischen Angelegenheiten nach Italien machen musste, nicht begleitet (V. W. I, 25). Dafür erhielt er Anfang 826 den sehr ehrenvollen Auftrag, persönlich beim Kaiser um die Bestätigung des Wala nachzusuchen, als derselbe an Stelle des verstorbenen Adalhard zum Abt von Corbie gewählt war. Die Schilderung, die er von seiner Aufnahme am Hofe macht, ist in mehrfacher Hinsicht bemerkenswerth (V. W. I, 11): De cujus (Arsenii) nimirum vitae abstinentia et rigore castigationis tunc mihi a quibusdam optimatum, ut persensi, Augusto jubente suasum est, quod non eum ferre possemus. — — Ad quod ego quasi arridens: — — numquid caudam pro capite, ut quidam adsolent, monstruose volumus eligere. Diese Antwort wurde dem Kaiser gemeldet und Radbert setzte vollständig durch, was er gewollt hatte. Ueber dem grossen Wohlgefallen, mit welchem er von seiner Leistung spricht, vergisst er ganz, wie unmöglich sein Bericht ist. Niemand wird glauben, dass die Grossen im Ernst daran dachten, auf diese Weise die Wahl rückgängig zu machen. Wenn sie überhaupt die Worte so gesprochen haben, so haben sie damit unzweifelhaft eine ganz subjective Meinung ausgedrückt, denn Walá stand damals im besten Verhältnisse zum Kaiser: nachdem er kurz vorher aus Italien zurückgekehrt war, besuchte er im Sommer 826 den Reichstag von Ingelheim, wo auf seine Empfehlung der junge Ansgar dem Dänenkönige Harald als Missionar beigegeben wurde. Ferner verkennt Radbert vollständig den Charakter des Ludwig, der einen Abt um so mehr schätzte, je strenger die Zucht war, die derselbe in seinem Kloster hielt, und er fühlt nicht, wie unklug es von einem Fürsten sein würde, einen Gedanken laut werden zu lassen, wie er ihn dem Kaiser zuschiebt. Diese Erzählung spricht nicht sehr zu Gunsten der politischen Einsicht des Radbert, lässt aber eine ziemliche Eitelkeit erkennen.

In wie weit er über die Ereignisse des Jahres 830 als Augenzeuge reden kann, darüber giebt uns V. W. II, 9 Aufklärung, wo zum Pascasius, d. i. Radbert, gesagt wird: in eadem concione et negotio fuisti. Simson (I. Exc. 5) schliesst aus diesen Worten, dass Radbert wohl in Compiegne gewesen ist, nicht aber in Verberie, wo sich die Verschworenen zuerst versammelten. Wir können diese Ansicht nicht theilen: zwar ist unter der concio offenbar der Reichstag von Compiegne zu verstehen, aber in dem negotium werden alle Verwickelungen, Verhandlungen, Uebereinkommen, kurz die ganze Erhebung des Jahres 830 zusammengefasst. Der Zusammenhang, in dem diese Worte stehen, ist nun der, dass von Radbert noch genauere Mittheilungen gefordert werden, weil er ja jener concio und überhaupt all den Vorgängen beigewohnt habe und deswegen über alle Dinge gut unterrichtet sein müsse. Danach nehmen wir an, dass er bei den Versammlungen von Verberie und Compiegne gegenwärtig war und zwar, wie es nicht anders denkbar ist, in der Begleitung des Wala.

Sonderbarerweise hören wir nun, dass er in den ersten Monaten des Jahres 831 im Auftrage des Kaisers gereist ist (V. W. I, 8): Cum olim ab Augusto directus causa negotii quod nostis, antequam in remeando Agrippinam venissem, comperi quem nunc deflemus, exsilium tulisse pro munere, ubi quamplures monachorum simul reficiebamur; eratque lectio in medio Esaiae vatis, ubi legitur: Concurrent Aegyptii adversus Aegyptios et disrumpetur Aegyptus in visceribus suis. Ganz richtig bezieht Simson (II, 4. Anm. 4) diese Stelle mit Mabillon (Acta SS. IV, b. 124) auf das Jahr 831 gegen Pertz, der Mon. Germ. II, 536 die Jahreszahl 814 an den Rand gesetzt hat. Zwar passten die Worte auch auf Walas erste Verbannung 814 und es handelt das Capitel, in dem sie stehen, von seinem Leben als Mönch in Corbie, aber gleich darauf wird dem Erzähler Pascasius der Vorwurf gemacht: confunditur stilus, nec ordo dicendi servatur (V. W. I, 9). Ausserdem ist es höchst unwahrscheinlich, dass Radbert schon 814, als er noch jung und unerfahren war, vom Kaiser für Aufträge verwandt wurde. Die weitere Annahme von Mabillon, dass er 831 aus Sachsen kam, hat auch viel für sich, denn der Rückweg von dort nach Corbie musste ihn über Cöln führen. Vielleicht hängt mit dieser Reise zusammen, dass er 831 sein bedeutendstes theologisches Werk, das Buch de corpore et sanguine Domini, dem Abt Warinus von Corvey schickte, welcher, was bemerkt zu werden verdient, 830 auf der Seite Kaiser Ludwigs gestanden hatte, also ein politischer Gegner des Wala war (Transl. S. Viti 12).

Unser Erstaunen wächst aber, wenn wir V. W. II, 10 lesen, wo Radbert erzählt, er habe den Wala in seinem Verbannungsorte (831) besucht und er dann fortfährt: volui ei persuadere, ut in aliquo se excessisse fateretur, et deinceps quae Augustus vellet, in omnibus assentire; si quo modo una cum quibusdam amicis agere quivissem, ut in gratiam rediret, quod et Caesar satis optabat, si ei solummodo consensisset. Wala weist ihn aber entschieden ab. Mit voller Klarheit geht aus dieser Erzählung hervor, dass Radbert vom Hofe autorisirt war, dem Wala für den Fall, dass er in einer öffentlichen Erklärung eingestände, sich vergangen zu haben, Versprechungen zu machen. Also Radbert kommt hier zu dem Manne, dessen vertrauter Freundschaft er sich rühmt, als Abgesandter seiner politischen Gegner! Wir stehen vor der Alternative, ihn entweder für einen gesinnungslosen Menschen zu halten, der sich stets zur siegenden Partei schlägt, oder bei ihm vorauszusetzen, dass er absolut keinen Begriff von politischen Verhältnissen gehabt hat. Der ersteren Annahme steht entgegen, dass wir ihn in den Jahren 833 und 834 wieder in der nächsten Umgebung des Wala finden (V. W. II, 15). Dadurch gewinnt der andere Fall an Wahrscheinlichkeit. Man müsste sich also denken, dass Radbert politische Parteien, überhaupt politische Principien als solche gar nicht kannte, dass er vielmehr alle politischen Gegensätze auf moralische zurückführte; nach seiner Anschauung ständen also auf der einen Seite die Bösen und Verworfenen, auf der anderen die Guten und sittlich Tüchtigen, sobald aber die Bösen anfingen, die Gebote Gottes zu befolgen, dürfe man ihnen nicht mehr feind sein. Auch das spricht für diese Erklärung, dass sich Radbert gar nicht bewusst ist, wie verächtlich er erscheinen muss, sondern ganz naiv, ja mit einem gewissen Stolze von seinem Auftrage spricht. Erst die spätere Untersuchung wird indessen eine sichre Entscheidung für einen der beiden Fälle ermöglichen.

Bei der neuen Erhebung der Söhne 833 befand sich, wie schon erwähnt, Radbert in der Begleitung des Wala und hat mit ihm der Katastrophe auf dem Lügenfelde sowie den andern grossen Ereignissen der Jahre 833 und 834 beigewohnt. Sie trennten sich, als Wala dem zum zweiten Male unterworfenen Lothar nach Italien folgte, und Radbert sagt nicht, dass er seinen Freund, der 836 starb, wiedergesehen hat. Bald nach seinem Tode, in der frischen Erinnerung an ihn, begann er das erste Buch seiner V. Walae zu schreiben, das jedenfalls vor 840 vollendet wurde, denn von Ludwig dem Frommen spricht er noch als von einem Lebenden.

Die späteren Schicksale Radberts haben weniger Interesse für uns: 844 wurde er Abt von Corbie, der zweite nach dem Wala, und in demselben Jahre übersandte er an Karl den Kahlen eine zweite Ausgabe seines Buchs de corpore et sanguine Domini mit einem schmeichelnden Gedichte und einem im unterwürfigsten Tone gehaltenen Briefe (Mabillon Acta SS. IV b. 134—136). Der Hass des Wala gegen den Sohn der Judith scheint sich auf ihn nicht vererbt zu haben. Schon 851 trat er von seiner Stellung als Abt zurück, um ganz seinen literarischen Studien zu leben, und in die Jahre, welche ihm noch bis zu seinem Tode 865 übrig blieben, fallen die meisten seiner Schriften. Auch das zweite Buch der V. Walae kann erst in dieser Zeit entstanden sein; denn wie er selbst sagt, verfasste er es nach der Niederlegung seiner Würde (V. W. II. Einleitung) und nach dem Tode der Kaiserin Irmingard, der ebenfalls 851 erfolgte (V. W. II, 24).

Dürfen wir hienach von Radbert eine objective Darstellung von Walas Wirken und Wesen erwarten? Ohne Frage war er einer der gelehrtesten Männer seiner Zeit, er hatte nahe Beziehungen zu Wala und hat jahrelang Tag für Tag mit ihm verkehrt, er war bei den verhängnissvollsten Momenten seines Lebens zugegen und konnte über die Begebenheiten, bei denen er kein Augenzeuge war, durch seine weiten Verbindungen die sichersten Nachrichten haben, wenn es ihm darum zu thun war. Ist es ferner wahr, dass das Studium der Alten einen freien und weiten Blick verleiht, so will es scheinen, als wäre er gerade berufen gewesen, der Biograph des Wala zu werden. Aber anderseits wird man bedenklich, wenn man sich seine Schriften ansieht. Alle mit Ausnahme der V. Adalhardi und der V. Walae behandeln theologische Gegenstände und man muss daher bei ihm mehr theologisches als politisches und historisches Interesse voraussetzen. Ob letzteres gar nicht vorhanden war, darüber giebt uns auch die V. Adalhardi keinen sichern Aufschluss; denn Adalhard hat sich zwar vielfach in politischen Geschäften ausgezeichnet, da er aber von Jugend auf dem geistlichen Stande angehörte und, wie wir auch aus anderen Quellen wissen, stets eine streng kirchliche Gesinnung zeigte, so kann es uns nicht sehr wundern, wenn Radbert sein Leben ohne Berücksichtigung der politischen Verhältnisse ganz unter kirchlich-religiösen Gesichtspunkten betrachtete und schilderte.

Zu einer vollen Klarheit über Radberts Charakter können wir erst durch eine genaue Prüfung der V. Walae gelangen. Als einen Hauptpunkt haben wir immer im Auge zu behalten, ob er die Fähigkeit besessen hat, politische Dinge scharf und richtig zu erfassen. Müssen wir diese Frage mit Ja beantworten, so haben wir ihn nicht nur der Gesinnungslosigkeit zu zeihen, sondern dürfen auch von ihm eine systematische Fälschung der Geschichte erwarten. Fehlte ihm aber Interesse und Verständniss für die Politik, so ist es zunächst unwahrscheinlich, dass er beabsichtigt haben soll, politische Ereignisse zu erdichten oder wissentlich zu entstellen. In diesem Falle würden die Angaben der V. Walae einen höheren Grad von Glaubwürdigkeit gewinnen.

Erstes Buch der V. Walae.

Wir wollen sogleich in medias res gehn und mit der Betrachtung des Inhalts beginnen; denn die Entscheidung über die Fragen, welche Bedeutung der dialogischen Form und der Namensveränderung beizulegen sei, versparen wir uns besser auf den Schluss des ersten Buchs, wo wir erkennen können, welches Ziel dem Radbert vorschwebte, als er sein Werk zu schreiben anfing.

Die Einleitung ist lang und ziemlich inhaltlos. Wir haben uns vorzustellen, dass in einem Saale des Klosters Corbie die Mönche versammelt sind, um sich gegenseitig über das Leben, die Thätigkeit und die Bedeutung ihres kürzlich verstorbenen Abtes Wala zu belehren. Unter ihnen ist Pascasius, in welchem wir den Verfasser Radbertus Pascasius zu sehen haben, gleichsam der Leiter der Debatte und der Haupterzähler. Er will berichten, „theils was er mit Augen gesehen, theils was er mit Ohren gehört hat und worüber er durch Nachdenken zu vollerer Einsicht gelangt ist", und ferner will er Arsenii nostri morum lineamentis imaginem saeculis in memoriam more Zeuxi pingere, wodurch er anzudeuten scheint, dass es ihm hauptsächlich darauf ankommt, ein Charakterbild des Wala zu entwerfen. Ueber den Zweck des Buches spricht er sich nicht geradezu aus, doch lässt die Breite des Dialogs, in den er Dinge hineinzieht, welche mit der Geschichte des Wala absolut Nichts zu thun haben, schliessen, dass er nicht eine schlechtweg historische Darstellung zu geben beabsichtigt. Hervorgehoben zu werden verdient, dass er befürchtet, er errege Anstoss mit seiner Schilderung, und dass er meint, nur wenige würden seinen Worten Glauben schenken. Diese beiden Gedanken finden sich nämlich in zahlreichen Variationen in fast jedem Capitel des ersten Buches wieder. Von Interesse für uns ist nur die eine Stelle, wo Radbert sagt, er sehe in Wala die Eigenschaften mehrerer grosser Glaubenshelden vereinigt, des älteren Arsenius, des heiligen Benedikt und des Jeremias. Er betont also von vorn herein die religiöse Seite seines Charakters.

In Cap. 1 erfahren wir, dass Wala ein Vetter Karls des Grossen gewesen ist und dass er sich vorzüglich im Kriege ausgezeichnet hat. Die folgende Charakteristik ist völlig werthlos, da sie aus der Transl. S. Sebastiani abgeschrieben ist. Nur einen individuellen Zug finden wir in dem Bilde: Wala soll eine bedeutende Rednergabe besessen haben, eloquentiam utrarumque linguarum, qua sapientia plerumque juvatur. Die beiden Sprachen werden Lateinisch und Griechisch sein sollen. Wir haben zunächst an dieser Angabe nicht zu zweifeln, da auch Kaiser Ludwig das Griechische verstand, ohne es jedoch fliessend sprechen zu können (Simson I, 38. Anm. 6).

In Cap. 2 wird uns über den Eintritt Walas ins Kloster berichtet: Arsenius cum pulsaretur quorumdam insidiis — —, quod prius in mente Deo voverat, optatum sibi tempus invenit. — saeculum et mundi inlecebras sine dolere deposuit — coenobium petiit monasticae disciplinae. Dieser Schritt wird in mönchischer Weise beleuchtet und ausserordentlich gepriesen. Nach Radbert ist also Wala den Nachstellungen seiner Feinde freiwillig gewichen und zur Erfüllung eines Gelübdes ins Kloster gegangen. Wir wissen nun aus den Reichsannalen 822, dass dies nicht richtig ist: (Hludowicus) his quae circa Adalhardum abbatem et fratrem ejus Walahum gesta sunt, publicam confessionem fecit et poenitentiam egit. Diese Stelle hat man immer, wie es auch nicht anders möglich ist, auf die Verbannung der beiden Brüder 814 bezogen. Wenn es der Kaiser selbst eingesteht, dass er 814 auf den Wala einen Zwang ausgeübt habe, müssen wir es schon glauben. Möglicherweise hat dieser früher einmal das Gelübde gethan ins Kloster zu gehen, aber sicher ist, dass er 814 nicht frei war, und ebenso sicher ist, wie wir aus V. Adalhardi 30 u. folg. ersehen, dass Radbert von der Ungnade des Kaisers gehört hat. Dass er in der V. Walae dieselbe mit Schweigen übergeht, muss bedenklich für seine Wahrheitsliebe erscheinen, selbst wenn er, wie es offenbar der Fall ist, keine historische Darstellung der Vorgänge beabsichtigt hat, die den Sturz der Brüder herbeiführten. — Die Stelle, welche von der Zuflucht spricht, die Wala 834 in Bobbio suchte und fand, wird bei Gelegenheit des zweiten Buches noch näher betrachtet werden. — Im Uebrigen wird in diesem Capitel ausgeführt, welch ein Trost es für die Mönche von Corbie sei, einen Fürsprecher wie Wala im Himmel zu haben; denn wenn er schon für seine Feinde so oft gebetet hätte, wie viel mehr würde er bereit sein, für seine Brüder eine Fürbitte einzulegen.

In Cap. 3 wird Wala gegen den Vorwurf in Schutz genommen, als hätte er dem Kaiser die schuldige Treue nicht bewahrt. Radbert kann zwar nicht leugnen, dass er sich gegen seinen Herrn, dem er einst geschworen hatte, empört hat, aber er führt den Beweis seiner moralischen Integrität durch die folgenden Sophismen: Prius cavendum, nequid fide polliccaris incautus; deinde si voveris, ne ad pejora provenias declina. — Nemo igitur bene servat fidem, ubi contemnitur Deus. — (Arsenius) hanc servavit (fidem), quae cum dilectione operatur. Historisch Werthvolles enthält dies Capitel nicht. Es wird die moralische Verworfenheit der Zeitgenossen recht schwarz gemalt, damit sich von diesem dunklen Hintergrunde leuchtend das Bild des Wala abhebe.

In Cap. 4 und 5 wird das streng religiöse Leben des Wala geschildert und unter Hinweis auf dieses werden die Schmähungen seiner Feinde zurückgewiesen. Dadurch findet sich der Uebergang zu einer Lobrede auf seine Tugenden, aus der wirklich eine begeisterte Verehrung spricht. Freilich ist dieselbe manchmal durch die seltsame und gewundene Redeweise verhüllt.

Cap. 6 will von dem Leben des Wala vor seinem Eintritt ins Kloster, also von rein weltlichen Dingen handeln. Zu den Worten: inter tirocinia palatii liberalibus mancipatus studiis vergleiche Cap. 1: eloquentiam utrarumque linguarum. Im Uebrigen enthält der erste Theil eine anekdotenhafte Erzählung von Walas Jugend, welche dunkel ist und sich historisch nicht verwerthen lässt. Ueber seine politische Stellung hören wir dann weiter: constituitur ab Augusto oeconomus totius domus, et venerabatur passim secundus a Caesare, quasi putares alium Joseph sceptra regni moveri. Waitz (Verf.-Gesch. III, 414), welcher übrigens diesen Satz und, wie es scheint, den ganzen

Abschnitt auf die Zeit nach 814 bezieht, was doch nicht möglich ist, wenn man das Capitel ganz, wie es bei Mabillon abgedruckt ist, und im Zusammenhange liest, — Waitz sieht in den oeconomus eine Erinnerung an den Majordomus der Merowinger. Wenn wir annehmen, dass Radbert, wie es freilich den Anschein hat, in dieses Wort den prägnanten Sinn hat hineinlegen wollen, so müssen wir bei ihm ein volles Verständniss für staatsrechtliche Verhältnisse voraussetzen. Nun fehlt es sonst aber in diesem Capitel sowohl dem Gedanken wie dem Ausdrucke durchaus an der nöthigen Schärfe. Es wird von Wala gesprochen als ducatum gerens, aber verschwiegen wo oder gegen wen, er wird als senator und als Stellvertreter des Kaisers bezeichnet, jedoch merkwürdigerweise niemals als comes, was doch nach den Reichsannalen 811 und der V. Caroli 33 sein eigentlicher Titel war. Wenn wir ferner hören, wie er sich um eine geordnete Rechtspflege bemüht und sich im Kriege grossen Ruhm erworben hat, so bekommen wir wohl den Eindruck, als habe er eine bedeutende Stellung am Hofe Karls des Grossen eingenommen, nicht aber ein anschauliches Bild, wie er bis 814 gelebt und was er gethan hat. Diese Verschwommenheit der Darstellung muss sehr befremden bei einem Manne, der wie Radbert den Ereignissen zeitlich und örtlich so nahe stand. Man könnte zwar einwenden, er habe nicht Alles zu sagen gewagt, wie er es selbst Cap. 8 ausspricht: cum nemo amicorum est hodie, apud quem omnia mea occulta exponere audeam, und Cap. 11: erit, ut credo, illa dies, mihi cum liceat ejus (Arsenii) aperte dicere facta und öfter. Allein sicherlich können diese Worte nicht auf die Zeit vor 814 Bezug haben, denn Radbert verkündet laut das Lob des Wala. Weswegen hätte er sich nicht schärfer fassen dürfen? —

Als wir das Leben des Radbert betrachteten, haben wir die Frage aufwerfen müssen, ob er wohl Interesse und Verständniss für Geschichte und Politik gehabt habe. Bis jetzt hat er es vermieden, auf politische Verhältnisse einzugehen und nun, da er gezwungen ist, es zu thun, schildert er sie in ungenügender und unklarer Weise.

Cap. 7 — 10 sind ohne Interesse für uns. Man ergeht sich in Lobreden auf den Wala, die sich Cap. 9 in dem Ausspruche gipfeln: erat enim monachus und nun werden Cap. 10 seine mönchischen Tugenden noch besonders gepriesen. Cap. 8 zeichnet sich dadurch aus, dass sich in ihm das Bestreben kundgiebt, den Dialog in künstlerischer Weise zu behandeln. Ganz geschickt wird der kahlköpfige Alligabus charakterisirt und die Rede, in welcher er seiner Liebe zum Wala Ausdruck giebt und ihn gegen die Angriffe seiner Feinde vertheidigt, erhebt sich zu einem Schwunge, wie er vielleicht nicht wieder in dem ganzen Buche vorkommt.

In Cap. 11 treffen wir wieder auf ein Factum von historischer Bedeutung: Nachdem Adalhard (826) gestorben war, wurde Wala an seine Stelle gesetzt. Derselbe war vorher, um sich zu verbergen, damit die Wahl nicht auf ihn fiele, nach dem Tochterkloster Corvey geeilt (perrexerat prius dilitescendi gratia fratres invisere nostros et illam secundam [Corbejam] excolere). Jedoch wurde er zurückgerufen und zum Abte gewählt. Anders dagegen finden wir in der Transl. S. Viti 12 seine Anwesenheit in Corvey motivirt: Walo qui tunc ibi (in monasterio Corcejensi) electionis gratia morabatur, jussus pergit ad palatium, inde ad proprium monasterium; statimque ibi ab omnibus eligitur ad abbatem. Im ersten Augenblicke ist man geneigt, dem Radbert unbedingt zu glauben, weil er bei der Abtswahl 826 zugegen war, bei genauerer Prüfung findet man aber in der Transl. S. Viti eine in dieser Angelegenheit nicht zu unterschätzende Quelle; denn die betreffenden Capitel sind höchst anschaulich geschrieben und zeichnen sich durch eine Fülle von Einzelheiten aus. Wir hören, dass die Mönche von Corvey selbst gern den Wala als Abt gehabt, und dadurch, dass der Verfasser der

Transl. S. Viti durchaus kein Gegner des 826 gewählten Warinus ist, sondern ihn ebenso wie den Wala tief verehrt, gewinnt seine Darstellung nur an Wahrscheinlichkeit. Auch hier müssen wir die Entscheidung verschieben, doch wollen wir uns daran erinnern, dass uns schon die Motivirung in Cap. 2 bedenklich machte. — Ueber die Rolle, die Radbert bei dieser Gelegenheit am Hofe gespielt hat, vergleiche S. 6.

Cap. 12—19. Der Inhalt und der Zweck dieser Capitel wird uns mit folgenden Worten angegeben: Quomodo conversatus sit sub Antonio nostro, velim edicas, maxime pro fratribus nostris Saxonia degentibus, quorum fuit ex genere, ut sciant ad plenum, quales habuerint fidei suae fundatores (V. W. I, 12). Es wird nun, häufig in recht geschmackloser Weise, das vertraute Verhältniss der Brüder geschildert. Uns interessirt mehr, was wir von der der Gründung von Corvey in Sachsen hören. Einen streng historischen, zusammenhängenden Bericht bekommen wir nicht, vielmehr setzt Radbert bei dem Leser die genaue Kenntniss der Thatsachen voraus, denen er nur die richtige Beleuchtung geben will. Darum ist es schwierig, aus der überschwänglichen und auseinandergerissenen Darstellung, welche oft durch Nebenbemerkungen und erbauliche Betrachtungen unterbrochen ist, eine klare historische Anschauung zu gewinnen.

Radbert, welcher 822 ein unzertrennlicher Begleiter des Adalhard und Wala in Sachsen gewesen ist (V. W. I, 14) und darum eine unbedingte Glaubwürdigkeit in Anspruch nehmen kann, berichtet also V. W. I, 13: manifestum est omnibus, quod huic (Arsenio) primum divinitus inspiratum est, occasione accepta pro quibusdam sui generis, qui ad nos conversionis gratia venerunt, et de rebus suis nobis tradiderunt, quo locus aedificaretur coenobii. Wala weiss den Abt, den jüngeren Adalhard, für den Gedanken zu begeistern. Sicque coeptum est opus virtutis, et prosperatum tantisper, donec senex Antonius ab exsilio regressus, in gratia est restitutus. Adalhard macht den Wunsch seines Bruders zu dem seinigen. So gebührt dem Wala der grösste Dank, denn er hat zuerst den Entschluss gefasst, das meiste für die Ausführung gethan und Vieles beim Kaiser für die neue Schöpfung ausgewirkt. — Hier sind wir so glücklich, den Radbert durch sich selber, durch seine Vita Adalhardi (cap. 65), controliren zu können: Adalhardus pervenit usque ad Saxoniae fines, ubi jam parvissima cellula a sancto viro, suo aequivoco, Adalhardo nomine, sumtu hujus monasterii aedificari coeperat, eo quod idem beatus vir, quia suus fuerat nutritus et familiaris filius, intercesserat loco ejus. Da Adalhard sah, dass die Lage der Pflanzung eine ungünstige war, bat er den Kaiser um einen passenderen Platz. Es wurde ihm freigestellt, das Kloster zu gründen, wo er wollte, und so wählte er einen Ort aus, der schön gelegen und darum zum Wohnsitze von Mönchen geeignet war. — Die Transl. S. Viti, für welche die V. Adalhardi benutzt ist, giebt einen noch ausführlicheren Bericht: Schon während der Regierung Karls des Grossen fasste Adalhard den Plan, in Sachsen ein Kloster zu gründen, wurde aber durch eine Mission nach Italien an der Ausführung gehindert und die Sache erlitt eine Verzögerung von 6 Jahren. Nach seiner Verbannung 814 nahm sein Nachfolger, der jüngere Adalhard, den Gedanken wieder auf und legte 815, hauptsächlich unterstützt von Wala, den Grund zu einem Kloster. Allein wegen ungünstiger Lage wollte die Stiftung nicht gedeihen und war bald in grosser Noth. Dennoch vermehrte sich täglich die Zahl der Mönche, welche zwar arm waren, aber fest in ihrem Glauben aushielten. Als Adalhard 821 aus der Verbannung zurückkehrte und von der Bedrängniss der Brüder hörte, bat er Ludwig den Frommen um die Erlaubniss, auf den Ländereien, quae ad se pertinebant, also auf königlichem Grund und Boden, sich einen für ein Kloster passenden Ort auszusuchen, was ihm gern bewilligt wurde. Daraufhin kam er 822 mit dem Wala nach Sachsen und gründete Corvey.

Durch eine Vergleichung dieser drei Quellen erhalten wir in Bezug auf die V. Walae folgende Resultate: Wenn man unbefangen den Satz der V. Walae liest manifestum est omnibus, quod huic primum divinitus inspiratum est etc. (cap. 13), so wird man ihn so verstehen, dass in Walas Kopfe zuerst der Gedanke aufgetaucht ist, in Sachsen ein Kloster zu gründen. Dass dies aber nicht richtig, dass schon Adalhard mit demselben Plane umgegangen ist, erfahren wir nicht nur aus der Transl. S. Viti, sondern auch aus der V. Adalhardi; denn hier lesen wir eo quod intercesserat loco ejus, mit anderen Worten, deswegen weil der jüngere Adalhard der Nachfolger des älteren geworden war, führte er den Gedanken desselben aus und gründete Corvey. Wir müssen also hier den Radbert einer wissentlichen Entstellung der Wahrheit zeihen. „Aber, mag einer seiner Vertheidiger sagen, Radbert hat den Inhalt der Inspiration des Wala gar nicht ausgesprochen. Dieser hat nicht zuerst den Gedanken gehabt, man solle doch in Sachsen ein Kloster gründen, sondern seine innere Stimme hat ihm nur verkündigt, dass es jetzt Zeit sei, mit der Anlage zu beginnen. Dies ist nach der Transl. S. Viti sehr wahrscheinlich, sicherlich aber nicht zu widerlegen. Daher muss man den Satz folgendermassen übersetzen: Es ist bei Allen ausgemacht, dass dem Wala zuerst durch göttliche Inspiration der Gedanke gekommen ist, es sei Zeit, das Werk zu beginnen, da sich eine günstige Gelegenheit bot durch einige von seinen Stammesgenossen, welche zu uns ihrer Bekehrung wegen gekommen waren und uns von ihren Gütern geschenkt hatten, damit ein Kloster gebaut werden könnte." Formell ist gegen eine solche Auslegung Nichts einzuwenden, aber trotzdem bleibt der Vorwurf an Radbert haften, wissentlich eine **unrichtige**, mindestens ungenaue Darstellung gegeben zu haben, um einen dem Wala günstigeren Eindruck hervorzubringen.

— Ganz ähnlich verhält es sich mit der zweiten sehr auffallenden Stelle: sicque coeptum est opus virtutis, et prosperatum tantisper, donec senex Antonius ab exsilio regressus, in gratia est restitutus. Aus der Transl. S. Viti wissen wir, dass es den Brüdern in Sachsen bis 822 herzlich schlecht erging, und in der V. Adalhardi gesteht es Radbert selbst ein, dass Adalhard in Sachsen nur eine sehr kleine Zelle vorfand und die Lage derselben eine äusserst ungünstige war. So steht bei demselben Verfasser die eine Schilderung zu der anderen im völligen Widerspruch. Aber auch hier hat er sich eine Hinterthür offen gelassen, durch die er entschlüpfen kann, denn etwas absolut Unrichtiges sagt er nicht. Wir lesen nämlich in der Transl. S. Viti, nachdem von der ungünstigen Lage der ersten Gründung gesprochen ist: augebatur tamen cotidie numerus monachorum ex nobilissimo Saxonum genere; pueri quoque bonae indolis nutriebantur optime, et licet opibus essent pauperes, religione tamen sancta pollebant. Also in gewissem Sinne prosperirte Corvey schon damals. Dass übrigens Radbert selbst ein böses Gewissen gehabt hat, merkt man bald; denn man betrachte nur aufmerksam unsere Stelle im Zusammenhange und man wird finden, dass sie gar keinen rechten Sinn giebt. So wurde das Werk der Tugend begonnen und blühte eine Zeit lang, bis der greise Adalhard aus der Verbannung zurückkehrte. Nach diesem Satze sollte man erwarten, dass es nun mit der Blüthe vorbei gewesen wäre, aber im Gegentheil, jetzt erst recht wird das Kloster reich und mächtig.

Wenn nun auch Radbert, wie wir gesehen haben, Sophismen nicht scheut, wo es gilt den Ruhm des Wala zu vermehren, so haben wir ihm doch nicht eine offenbare Erdichtung vorwerfen können, denn ein Körnchen Wahrheit ist immer in seinen unrichtigen Angaben enthalten. Dem scheint aber sogleich widersprochen werden zu sollen durch Cap. 16, wo wir Folgendes hören: Der Platz, auf dem das Kloster steht sowie die Ländereien in seiner nächsten Umgebung verdankt es dem Wala, denn er hat durch seine eindringlichen Vorstellungen die Abtretung von dem Eigenthümer erwirkt, der das Land keinem Anderen, selbst nicht dem Kaiser, überlassen hätte. Von einer solchen Schenkung wissen weder die Transl. S. Viti noch die Urkunden, sondern wir lesen überall, dass Corvey auf ehemals königlichem Boden erbaut wurde. Ist also diese Angabe der V. Walae unzweifelhaft unrichtig, so macht sie doch durchaus nicht den Eindruck einer reinen Erfindung. Die spätere Erzählung, dass Ludwig von dem sächsischen Grafen Bernhard das Land käuflich erworben habe, würde uns zwar sehr gut passen, es ist aber kein Grund vorhanden, sie für alt zu halten, wie es Wilmans [1]) thut. Wir wissen keine genügende Erklärung für V. Walae I, 16, jedoch vergesse man nicht, dass Radbert es nicht wagen durfte, seinen Lesern, zu denen auch die Mönche von Corvey gehörten, offenbare Fabeln zu bieten. Es will uns darum scheinen, als hätten wir hier wieder eine jener Halbwahrheiten, deren Kern wir nicht mehr herauszuschälen vermögen. Offenbar haben wir aber erst dann das Recht, von einer Erfindung des Radbert zu sprechen, wenn wir von einer anderen Thatsache unzweifelhaft nachweisen können, dass sie lediglich in seiner Phantasie existirt hat.

In Cap. 14 und 19 wird Wala und Adalhard der Vorwurf gemacht, sie hätten Corvey auf Kosten des Mutterklosters bereichert. Dass dies der Fall gewesen war, daran haben wir um so weniger zu zweifeln, als Radbert selbst nicht einmal den Versuch macht, die Unwahrheit der Beschuldigung zu beweisen, sondern sich darauf beschränkt, die Brüder zu rechtfertigen. Zudem lesen wir schon in dem Fundationsbriefe von Corvey, dass die sämmtlichen in Sachsen gelegenen Güter von Corbie auf Corvey

---

[1]) Wilmans, Kaiserurkunden der Prov. Westfalen I, 284 Anm. 1 und 507 und 509. Siehe Excurs.

übertragen worden sind (Wilmans I, N. 7). Diese Thatsache scheint zu bestätigen, was wir aus der Transl. S. Viti erfahren, dass Wala gern Abt von Corvey geworden wäre.

Ebenso haben wir zu glauben, dass Wala, natürlich nur mütterlicherseits, aus sächsischem Geschlechte stammte (Cap. 11 u. 12) und dass er von den Sachsen aufs höchste verehrt worden ist (Cap. 16). Letzteres stimmt sehr gut zu einer Anekdote in Cap. 7. Die Sachsen, welche sich, wie der Heliand zeigt, Christus als einen gewaltigen Kriegsmann vorstellten, mögen sich wohl zu Wala besonders hingezogen gefühlt haben, der erst vor Kurzem den Panzer mit der Kutte vertauscht hatte und vielleicht noch nicht ganz seinen früheren Stand verleugnete.

Fassen wir unser Urtheil über die Cap. 12—19 zusammen: Wir haben es nicht mit einer historischen Darstellung zu thun, sondern mit einer erbaulichen Betrachtung, die zugleich eine apologetische Tendenz hat. Die Absicht zu erbauen ist deutlich Cap. 17 ausgesprochen: ipsa recordatio, ut sentio, renovabit dolores nostros, quorum memoria voluptas est animi et incitamentum virtutum etc.; die apologetische Tendenz erkennt man daraus, wie die Thatsachen behandelt werden: nicht um ihrer selbst willen werden sie uns erzählt, sondern alle stehen in der unmittelbarsten Beziehung zu Wala. Dass Radbert für ihn eine wirklich warme Verehrung hat, ersieht man wieder aus Cap. 15 und 17, aber indem er ihn gegen die Angriffe seiner Gegner in Schutz nimmt, geht er zu weit. Zwar können wir ihm zunächst nicht die offenbare Erdichtung einer Thatsache zur Last legen, aber es ist erwiesen, dass er kein Bedenken trägt, durch Sophismen das Gewicht seiner Gründe zu erhöhen.

In Cap. 20 stossen wir auf eine ganz unerwartete Schmährede, die man nicht anders als auf den Abt und die Brüder von Corvey beziehen kann. Hauptsächlich gegen ersteren werden die schwersten Vorwürfe erhoben und es wird lebhaft bedauert, dass Wala nicht Zeit gefunden habe, bei ihnen seinen guten Einfluss geltend zu machen. Aber das Gewitter zieht ebenso schnell vorüber, wie es gekommen, denn nach dem heftigsten Ausfalle plötzlich abbrechend fährt die Rede folgendermassen fort: verum tamen quamvis ita fatear, ejus odor adhuc hodie ibi fragrat, virtutes vigent, doctrina morum pollet etc., das Alles sei Walas Verdienst und nun werden wieder seine Tugenden gepriesen. Wie so Manches in der V. Walae, so ist auch dies Capitel dunkel; denn wenn man bedenkt, dass Warinus, der Abt von Corvey, in der Transl. S. Viti ausserordentlich gelobt wird, dass ihm 831 Radbert selbst sein Buch de corpore et sanguine Domini gewidmet hat und noch 844 in seinem Briefe an Karl den Kahlen von ihm mit den Worten spricht: Placidio meo, Warino abbati, so begreift man nicht, wie er zu einem solchen Angriffe kommt. Der Grund kann auch darin nicht gelegen haben, dass Warinus ein politischer Gegner des Wala war und treu zum Kaiser hielt: in diesem Falle würde ihm Radbert nicht sein Buch 831 übersandt haben. Die einzig mögliche Annahme ist die, dass sich Wala einmal ungünstig über Warinus geäussert hat und dass sein Urtheil hier wiedergegeben wird. Nicht gleichgültig scheint uns zu sein, dass Adeodat diesen Passus spricht und Radbert ihm Nichts darauf erwidert, womit er gleichsam die Verantwortlichkeit für die Worte von sich abwälzt und sie doch nicht verschweigt. (Vergl. II, 19.) Ein näheres Interesse hat für uns noch der Satz: quod (Arsenius) satis ostendit in praelato, quem ibi praeesse maluerant, cum redisset etc. Wenn, wie das Wort maluerant beweist, Radbert gewusst hat, dass Wala bei der Abtswahl 826 in Frage kam, so wird er auch erfahren haben, dass derselbe im Winter 825 auf 826 in Corvey war, um wie die Transl. S. Viti sagt, seine Wahl zu betreiben. Wir haben also in dem Satze Cap. 11: perrexerat prius dilitescendi gratia fratres invisere nostros et illam secundam (Corbejam) ex colere die wissentlich unrichtige Motivirung einer vielleicht unbequemen aber nicht wegzuleugnenden Thatsache zu sehen.

In Cap. 21—27 hören wir von den Tugenden, die Wala als Abt entwickelt hat und unter denen besonders die strenge Zucht, die er unter den Mönchen hielt, und seine Gerechtigkeitsliebe hervorstechen. Offenbar hat Radbert auch diesen Theil mehr zur Verherrlichung als zur Charakterisirung des Wala geschrieben und hat er mehr an die Erbauung als an die Belehrung seiner Leser gedacht. Aber das fühlt man doch aus den allgemeinen Betrachtungen heraus, dass Wala für die Mönche eine imponirende Erscheinung war, dass er durch die Ueberlegenheit seines Geistes und seines persönlichen Auftretens eine wirkliche Macht über sie besass. — Als einziges historisches Faktum wird erwähnt, dass er mit dem Lothar als sein Pädagogus nach Italien ging, damit sie in diesem Lande eine bessere Rechtsordnung schüfen. Diese Reise muss ins Jahr 822 fallen, denn wir lesen in den Reichsannalen 822: Hlotharium vero filium suum in Italiam (Hludowicus) misit, cum quo Walahum monachum, propinquum suum, fratrem videlicet Adalhardi abbatis, et Gerungum ostiariorum magistrum una direxit, quorum consilio et in re familiari et in negotiis ad regni commoda pertinentibus uteretur und 823: Hlotharius vero cum secundum patris jussionem in Italia justitias faceret etc. Ob die Zeichnung, welche uns die V. Walae von den Zuständen Italiens liefert, eine wahre ist, wollen wir dahingestellt sein lassen; denn der Bericht von dem Urtheile des Wala ist etwas legendenhaft. Simson I, 183 hat wohl recht, wenn er sagt: „Radbert schildert die Rechtlosigkeit und Bestechlichkeit, die dort walteten, in den schwärzesten Farben, freilich, um auf diesem dunklen Hintergrunde das Verdienst seines Wala, die Energie und das Gottvertrauen, womit derselbe dort eingegriffen habe, um so heller leuchten zu lassen." Dass Radbert bei dieser Gelegenheit sonst Nichts von dem Jahre

822 sagt, wo, wie er sicher wusste, Wala vom Kaiser wieder zu Gnaden aufgenommen wurde, ist zwar sonderbar, kann aber darin seinen Grund haben, dass er sich scheute, politische Verhältnisse in seine Darstellung einzuflechten. Man wundert sich aber, dass in der ausführlichen Erzählung von dem Urtheile des Wala die Formen des gerichtlichen Verfahrens nicht deutlicher hervortreten. In diesen Kleinigkeiten zeigt sich bei ihm der Mangel an einer scharfen Erfassung und genauen Kenntniss öffentlicher Verhältnisse.

In Cap. 28 interessiren uns nur die Worte: Gallias tandem, paene omnibus correctis rebus, et Eugenio sanctissimo Apostolicae sedis ordinato antistite, in cujus nimirum ordinatione plurimum laborasse dicitur, si quo modo per eum deinceps corrigerentur, quae diu neglegentius a plurimis fuerant depravata, regrediamur. Für diesen Satz ist es nöthig, den Wortlaut und den Zusammenhang wohl im Auge zu behalten. Die genaue Interpretation ist folgende: nachdem uns in den vorhergehenden Capiteln berichtet ist, wie Wala in Italien geordnete Rechtsverhältnisse zu schaffen gestrebt hat, hören wir nun, dass „er sich bei der Ordination des Eugen am meisten bemüht haben soll, ob irgendwie durch ihn nach und nach verbessert werden könnte, was seit langer Zeit von Vielen durch ihre Nachlässigkeit verdorben war." Das dicitur ist auf plurimum zu beziehen und drückt nur die Ungewissheit über die Zeit und den Ort aus, wo Wala am meisten für die Herstellung besserer Zustände thätig gewesen ist. Daran, dass er bei der Ordination des Eugen zugegen war, zweifelt Radbert nicht. Es wird uns also berichtet, dass Wala 822 dem Lothar nach Italien folgte und dass er der Ende Mai oder Anfang Juni 824 erfolgten Ordination des Eugen beiwohnte (Simson I, 214. Anm. 5). Da ferner ganz offenbar nur von einer einzigen Reise gesprochen wird, so müssen wir schliessen, dass sich sein Aufenthalt in Italien vom Herbst 822 bis mindestens in den Sommer 824 ausgedehnt hat. Gewährsmann ist dem Radbert für diese Nachrichten Chremes und wir haben zu fragen, ob wir in diesem und überhaupt in den den Dialog führenden Personen wirkliche Mönche von Corben oder nur Phantasiegebilde zu sehen haben. In der Einleitung zum zweiten Buche der V. Walae wird von dem Tode des Chremes gesprochen: Chremes inter discrimina nostra jam discessit, wonach es sicher ist, dass er ein Mönch von Corbie war. Mag er nun geheissen haben, wie er will, da er den Wala nach Italien begleitete und mit dem Radbert in demselben Kloster lebte, als derselbe das erste Buch der V. Walae schrieb, muss man von ihm einen besonders zuverlässigen Bericht erwarten.

Da die übrigen Quellen Nichts von Walas Aufenthalt in Italien wissen, müssen wir zunächst prüfen, ob die Angaben der V. Walae möglich sind. Simson (I, 200. Anm. 2) ist der Meinung, dass Wala im Sommer 823 mit dem Lothar über die Alpen zurückkehrte, weil die weitere Ordnung der italienischen Verhältnisse dem Pfalzgrafen Adalhard und dem Grafen Mauring von Brescia übertragen sei. Der Grund ist aber kein zwingender: Italien war so gross, dass es neben diesen noch dem Wala Raum genug bot für eine erspriessliche Wirksamkeit. Auch bedenke man, dass jene weltliche Grosse, Wala dagegen Geistlicher war und dass, als die Nachricht von den Gewaltthätigkeiten des Papstes ankam, der Kaiser zwei neue Missi abzuschicken beschloss, den Abt Adalung von St. Vaast und den Grafen Hunfried von Cur (Simson 1, 203). Unmöglich ist freilich die Darstellung der V. Walae, wenn die Annahme von Jaffé [1]), Wilmans [2]) und Sickel [3]) richtig ist, wonach Wala beim Kaiser persönlich die Immunitätsurkunde für Corvey erwirkt habe, welche am 27. Juli 823 ausgestellt wurde. Sie

---

[1]) Jaffé, Bibl. rer. Germ. I. Transl. S. Viti. p. 12. Anm 1.
[2]) Wilmans, Kaiserurk. der Prov. Westfalen. I. Nr. 8.
[3]) Sickel, Acta Carolina II. L. 202 und Anm. S. 326.

stützen sich auf eine Stelle der Transl. S. Viti und es scheint, als habe der Verfasser derselben die Urkunde vor Augen gehabt, denn man vergleiche: Transl. S. Viti 12: (Adalhardus) cum appropinquare cerneret diem mortis suae, misit Walonem ad palatium, ut talem libertatem et tuitionem — impetraret, qualem cetera quoque sublimia monasteria per Franciam habebant. Urkunde: Adalhardus — suggessit mansuetudini nostrae, ut — monachos — non solum sub nostra tuitione et defensione constitueremus, verum etiam et talem immunitatem fieri juberemus, qualem omnes ecclesiae in Frantia habent. Diese Uebereinstimmung kann keine zufällige sein. Ist aber die Angabe der Transl. S. Viti richtig, dann versteht man nicht, dass in der Urkunde Adalhard selbst als Petent bezeichnet wird, der, nach den Worten adiens serenitatem culminis nostri zu schliessen, persönlich vor dem Kaiser erschienen ist. Auch ist wunderbar, dass, wenn Wala der Petent gewesen ist, er nicht ausdrücklich als solcher bezeichnet wird, da wir doch in dem Fundationsbriefe seinen Namen neben dem des Adalhard finden. Ausserdem stimmt die Angabe der Transl. S. Viti insofern nicht recht, als sie berichtet, Adalhard habe kurz vor seinem Tode den Wala an den Hof geschickt; war dies aber im Juli 823, so hätte er noch 2½ Jahr gelebt. Wilmans hat dies herausgefühlt, denn indem er die Transl. S. Viti citirt, setzt er hinzu, dass der Tod des Adalhard „aber doch erst den 2. Jan. 826 erfolgte." Somit können wir, trotzdem der Verfasser der Transl. S. Viti die Immunitätsurkunde benutzt hat, uns doch nicht entschliessen, seine Nachricht über den Wala für wahr zu halten. Daran wollen wir nicht zweifeln, dass dieser auf Wunsch seines Bruders kurz vor dessen Tode an den Hof ging, aber sicherlich hatte er einen anderen Auftrag, als uns die Transl. S. Viti sagt. Wala lässt sich also für das Jahr 823 diesseit der Alpen nicht nachweisen. Wir werden demnach den Angaben der V. Walae über seine Anwesenheit in Italich glauben müssen, wenn uns nicht der Fortgang unserer Untersuchung zeigt, dass Radbert in systematischer Weise die Geschichte gefälscht hat.

In Cap. 29 nimmt Radbert den Wala in Schutz gegen die Beschuldigung, er habe die prächtigen Geschenke, welche er aus Italien mitbrachte, nicht auf rechtmässigem Wege erworben. Offenbar sind die Antiphonarien gemeint, die er, wie ihm Amalar[1]) vorwirft, aus Rom mitgenommen haben soll. Die Vertheidigung des Radbert ist recht ungeschickt, denn wenn er gesagt hätte: warum sollte Wala nicht annehmen, was ihm gern dargebracht wurde?, so würde man ihm geglaubt haben. Statt dessen erzählt er uns, dass es Wala selbst für nothwendig gehalten hat, sich zu rechtfertigen, und fügt übertreibend hinzu, er würde die Geschenke zurückgewiesen haben, wenn er nicht gefürchtet hätte, den Geber zu beleidigen (oblectabatur muneribus, in tantum ut nolens cogeretur accipere gratis, ne laederetur amor dilectionis). Wir wissen nicht, wie viel an den Worten des Amalar wahr ist, es scheint aber, als treffe den Wala in dieser Sache wirklich ein Vorwurf.

Nachdem wir das erste Buch betrachtet haben, müssen wir einen Augenblick innehalten, um uns schon jetzt klar zu machen, in welcher Absicht Radbert die V. Walae zu schreiben begann; denn das zweite Buch, das 12 oder 15 Jahre später entstand, kann aus ganz anderen Gefühlen und Gedanken hervorgegangen sein. Aus demselben Grunde, eben weil der Verfasser in seiner Arbeit unterbrochen wurde, haben wir auch schon jetzt die Frage zu erledigen, weswegen er die Namen veränderte und die dialogische Form wählte.

Wenn Radbert öfter betont, er könne nicht Alles sagen, was er wisse, und wenn er es trotzdem unternimmt, das Leben des Wala zu schreiben, so muss in seinen Au-

---

[1]) Amalarius, De ordine Antiphonarii. Max. Bibl. patr. Lugdun. XIV, 1032 F u. G.

gen das, was er verschweigt, nicht von entscheidender Bedeutung für die Entwicklung und die Beurtheilung seines Helden gewesen sein. Da er nun unzweifelhaft mit Rücksicht auf die politischen Gegner des Wala so vorsichtig spricht, so dürfen wir glauben, dass ihm derselbe nicht in erster Linie wegen seiner politischen Thätigkeit gross und bewunderungswürdig erschienen ist, und umsomehr dürfen wir dies glauben, als er auch viele Ereignisse nicht erwähnt, die zu verschweigen kein Grund vorlag, er uns nicht einmal über das Leben des Wala vor 814 einen genügenden Bericht giebt. Danach können wir als sicher ansehen, dass Radbert, als er sein Werk begann, keine politische Streitschrift zu schreiben beabsichtigte.

Welches Ziel er im Auge hatte, ergiebt sich aus Folgendem: 1) Die Vermuthung, welche wir bei der Besprechung der Einleitung zum ersten Buche geäussert haben, Radbert scheine ein Charakterbild des Wala, morum imaginem, geben zu wollen, haben wir bestätigt gefunden; denn es werden uns nur wenige historische Fakta berichtet und nur solche, die in der direktesten Beziehung zu Wala stehen. Es ist derselbe nicht in eine grosse Zeit hineingezeichnet, sondern die geschichtlichen Ereignisse sind um ihn gruppirt und dienen nur dazu, einzelne Seiten seines Charakters ins richtige Licht zu stellen. 2) Radbert verfolgt mit der V. Walae einen apologetischen Zweck, er will seinen verstorbenen Freund gegen die Schmähungen, die von allen Seiten gegen ihn geschleudert werden, vertheidigen. Dies geschieht nur selten so, dass die Vorwürfe bestimmt ausgesprochen und widerlegt werden, wie in Cap. 19, gewöhnlich werden sie zurückgewiesen, indem der geringe moralische Werth der Gegner geschildert wird, dem gegenüber die Tugenden des Wala um so stärker hervortreten. 3) Wenn man sich nach dem ersten Buche ein Bild von dem Wala zu machen versucht, so merkt man bald, dass dies nicht möglich ist; denn die Züge seines Gesichts sind vollständig verwischt, man erkennt nur einen leuchtenden Heiligenschein. Vergegenwärtigt man sich daneben das stäte Hervorkehren religiöser Gesichtspunkte, die zahlreichen moralischen Reden, das Lob klösterlicher Zucht, so wird man zu der Erkenntniss kommen, dass wir es hier mit einer Erbauungsschrift zu thun haben. Als Beweis hiefür dient auch der schon citirte Satz (Cap. 17): ipsa recordatio, ut sentio, renovabit dolores nostros, quorum memoria voluptas est animi et incitamentum virtutum.

Einen weiteren Aufschluss über den Charakter der V. Walae wird uns die seltsame Form derselben geben, zunächst die Namensveränderung. Erdichteter Namen sich zu bedienen, muss damals nichts ganz Ungewöhnliches gewesen sein; denn wir hören, dass dasselbe Karl der Grosse in dem Kreise seiner gelehrten Freunde that, um ungezwungener mit ihnen verkehren zu können. Für Radbert war der Grund offenbar der, dass er sich scheute, Alles mit nackten Worten auszusprechen, weil er die Rache der politischen Gegner des Wala, der Partei der Judith, welche damals am Hofe herrschte, fürchten zu müssen glaubte. Ob ihm indessen das Dunkel, in das er sich hüllt, viel geholfen hat, erfahren wir nicht, denn wir wissen Nichts von der Geschichte der V. Walae. Wie mich dünkt, zwingt uns die Namensveränderung zu folgender Annahme: Radbert kann sein Werk nicht für das grosse Publikum bestimmt haben, weil, wenn man die Beziehungen und Anspielungen verstand, ihn seine Feinde bedrohten, wenn man sie nicht verstand, die Arbeit ihren Zweck nicht erreichte. Er muss für einen kleinen Kreis von Freunden geschrieben haben, die das Leben des Wala ohnehin genau kannten und deren Augen das Dunkel zu durchdringen vermochten. Damit jedoch ein nicht Eingeweihter bei flüchtiger Einsicht nicht sofort merken könnte, wem die Lobrede galt, veränderte er, um ganz sicher zu gehen, in seiner Furcht die sämmtlichen Namen.

Vielleicht noch auffallender als die Namensveränderung ist die dialogische Form; denn es ist nicht zu verkennen, dass Radbert sie künstlerisch zu behandeln bestrebt ist. Zwar ist seine Sprache schwülstig und häufig höchst geschmacklos, aber mitunter doch nicht ohne Schwung und wenn er so oft kaum verständlich ist, so rührt das nicht nur daher, dass er dunkel sein will, sondern offenbar bemüht er sich auch, in schönen und gewählten Worten zu reden und jede gewöhnliche Wendung zu vermeiden. Ja er macht sogar den Versuch, die Personen, welche das Gespräch führen, zu charakterisiren: man unterscheidet sehr wohl den strengen und scharf urtheilenden Severus, den schnellen und lebhaften Adeodat, den kahlköpfigen Alligabus und den überlegenen Pascasius. Mit der dialogischen Form hat Radbert eine doppelte Absicht gehabt, einmal eine künstlerische: die Form ist besonders geeignet, wo man das Charakterbild eines Menschen zeichnen will; denn indem ihn Jeder von einem anderen Standpunkte sieht, erhält man eine Art Stereoskop, ein volleres und runderes Bild. Sodann ist der Dialog vorzüglich für eine apologetische Schrift zu gebrauchen, weil in der einfachsten Weise die Einwendungen und Vorwürfe gemacht und widerlegt werden können.

Im Rücklicke auf das erste Buch fassen wir unser vorläufiges Urtheil in folgendem Satze zusammen: da Radbert es für unnöthig hält, auf die politische Wirksamkeit des Wala einzugehen, und er von den geschichtlichen Ereignissen, die er überhaupt anführt, stets in sehr unbestimmten und unklaren Ausdrücken redet, so dürfen wir es als höchst wahrscheinlich hinstellen, dass er weder Interesse noch Verständniss für politische Dinge gehabt hat. Damit vermindert sich die Wahrscheinlichkeit einer systematischen Fälschung. Aber es sind eine Anzahl wissentlicher Entstellungen nicht wegzuleugnen, mit denen wir uns noch später auseinanderzusetzen haben.

Zweites Buch der V. Walae.

Wie wir wissen, nahm Radbert erst nach 851 seine unterbrochene Arbeit wieder auf, als er seine Würde als Abt von Corbie niedergelegt hatte, um sich ganz seinen Studien zu widmen. Dass sich ein Mensch in 12—15 Jahren verändert, ist natürlich, zumal wenn er eine Zeit durchgemacht hat, wie die von 840—850 war, wo sich nach einem furchtbaren Bürgerkriege das Reich Karls des Grossen auflöste und überall Verwirrung und Zuchtlosigkeit herrschte. Gleich am Anfange erfahren wir auch, dass sich der Verfasser für das zweite Buch auf einen ganz anderen Standpunkt stellt als für das erste, dass er die ängstliche Vorsicht fahren lassen und die Wahrheit frei verkünden will, seinen Feinden zum Trotz: Sed necdum omnia licet omnibus reserare, maxime quibus veritas odio est et scelera placent. Tamen etsi minus bona eisdem placeant, verum non semper occulendum est (V. W. II, 1). Danach dürfen wir wohl gespannt sein, wie uns Radbert den Politiker Wala schildern wird, nachdem wir im ersten Buche nur den Mönch kennen gelernt haben.

Nach langer Unterbrechung haben sich die Brüder von Corbie wieder versammelt, um in der Erzählung von dem Leben des Wala fortzufahren. Diejenigen, welche früher das Gespräch geführt haben, sind alle bis auf Adeodat und Pascasius gestorben, damit jedoch die Wahrheit gleichsam durch drei Zeugen erhärtet werde, soll des Severus Stelle Teofrast einnehmen, der sich des Wala noch erinnert. Bei der Gelegenheit hören wir, dass Radbert auch jetzt nicht eine streng historische Darstellung geben will, denn Adeodat sagt mit Bezug auf Teofrast: non enim philosophum ad lamentum rite quaerimus, sed eorum aliquem, cujus aut memoria piae recordationis, aut affectu ad lacrimas incitemur (V. W. II, Einleitung). Der Leser soll also auch gerührt, nicht nur belehrt werden.

Das zweite Buch beginnt mit der Beschreibung einer der Versammlungen, von denen die Reichsannalen 828 sprechen. Radbert bezeichnet diese Zeit ausdrücklich als den Wendepunkt in der Regierung Ludwigs des Frommen: mala quae per partes creverant, primum isto in tempore feriuntur: crevit enim hoc imperium prosperis successibus usque ad praesens, quasi in perfectam aetatem plenitudinis; sed vitia quae per partes, ut adsolet, in prosperitate commissa sunt, coacervata inoleverant. Dieser Satz scheint auf einen klaren historischen Blick zu deuten, allein der darin ausgesprochene Gedanke findet sich auch in zahlreichen anderen Quellen dieser Zeit (Simson I, 272. Anm. 1). Es ist auffallend, dass Radbert, indem er den Sprung von dem Jahre 826, mit dem das erste Buch schliesst, auf 828 macht, den Ingelheimer Reichstag 826 und damit eins der folgenschwersten Ereignisse in dem Leben seines Freundes übergeht. Denn bekanntlich ist es Wala gewesen, der, indem er Kaiser Ludwig den Ansgar als den Mann bezeichnete, welcher geeignet wäre, den skandinavischen Völkern das Evangelium zu predigen, den Anstoss zu einer erfolgreichen Christianisirung des Nordens gegeben hat (V. Ansgar. 7).

Cap. 1—5 müssen wir im Zusammenhange betrachten, weil sie sich auf Walas Stellung zu den Reformversuchen der Jahre 828 und 829 beziehen. Radbert berichtet: Da das Volk von vielfachem Missgeschicke heimgesucht war, forderte der Kaiser auf einem Reichstage die weltlichen und geistlichen Grossen auf, nachzuforschen, wodurch man den Zorn Gottes erregt habe. Diesem Gebote folgend, setzte Wala zur Unterstützung seines Gedächtnisses eine kleine Schrift auf, welche er auf dem nächsten Reichstage vortrug. In Cap. 2 und 3 wird uns in direkter Rede mitgetheilt, was er damals gesprochen hat. Er verlangt vom Kaiser, dass er seine Regentenpflichten gewissenhaft erfülle, sich gute Rathgeber erwähle und sich nicht in die Angelegenheiten der Kirche mische, welche die Bischöfe zu besorgen hätten. Vorzüglich warnt er ihn davor, sich an geistlichen Gütern zu vergreifen: wenn der Staat nicht bestehen könne, ohne den Klerus zu den Lasten heranzuziehen, so müsse er sich mit ihm zu einigen suchen. Diese Forderung wird zweimal wiederholt und als Grund, weswegen die Kirche weltliche Besitzthümer haben müsse, ist in Cap. 3 angegeben: ne ipsi (sancti pontifices) cogantur ad saecularia transvolare, et pompis sacculi quibus abrenuntiaverunt, inreligiosius deservire. Aehnlich günstig für die Mönche hat er sich schon Cap. 2 ausgesprochen: et hoc sit regis officium, ut talibus (Christi ministris) committatur, — quatinus omnes glorificent Deum, et gaudeant in Christo, non minus ex futurorum promissis, quam et ex praesentiarum consolationibus. In dieser direkten Rede springt sofort in die Augen, dass ihre Spitze gegen den Kaiser gerichtet ist, jedenfalls nicht gegen die Geistlichkeit, die wegen ihrer Verweltlichung eher entschuldigt als angeklagt wird. Freilich wäre Wala wohl am wenigsten berufen gewesen, ihr einen derartigen Vorwurf zu machen, da er, wie es scheint, in den Jahren von 822—828 die wenigste Zeit in seinem Kloster gewesen ist.

Wie verhalten sich zu der direkten Rede die Ausführungen, die Radbert in indirekter Rede hinzufügt? Ende Cap. 2 tadelt er in der heftigsten Weise die geistlichen wie die weltlichen Fürsten, erstere weil sie sich ohne Scham in die weltlichen Dinge einmischten, letztere weil sie die Güter der Kirche raubten. Dass damit Worte des Wala wiedergegeben werden sollen, beweist der Satz: quibus ita coram rege et coram Christi praesulibus et principibus terrae ad liquidum explicitis, nullus eorum abnegavit. Damit haben wir einen offenbaren Widerspruch gegen die direkte Rede. Es wäre denkbar, dass Wala einen Vorwurf gegen die Geistlichkeit erhoben hätte, um ihn sofort zu widerlegen. In diesem Falle bringt man ihn aber in ruhiger Weise vor und lässt das, was man zur Entschuldigung sagen kann, sogleich folgen. Beides ist nicht geschehen und so bleibt der Widerspruch bestehen. Daraus ergiebt sich unzweifelhaft, dass die direkte Rede nicht von Radbert verfasst sein kann, dass er vielmehr die kleine Schrift des Wala benutzt, aus ihr aber etwas Anderes herausgelesen hat, als darinstand. Als einzigen Einwand gegen die Authenticität der Rede könnte man den Ausdruck pompis abrenuntiare geltend machen, der als terminus technicus in der Theologie (Du Cange: pompa) auf die Autorschaft des Radbert hinweisen würde. Es steht Nichts der Annahme im Wege, dass Wala die Wendung von seinem Freunde erhielt und gern einfügte. Anderseits macht aber die Frage der Zuhörer, was pompae bedeute, es schon von vorn herein ziemlich unwahrscheinlich, dass die Rede von Radbert erfunden ist. Wir haben also dabei zu bleiben, dass wir hier die wirklichen Worte, wenigstens die Aufzeichnungen des Wala vor uns haben. Die Ausführungen Radberts Ende Cap. 2 können demnach in der Form nicht richtig sein.

Dümmler sieht in Wala den Wortführer der Geistlichen, welche die 4 Synoden des Jahres 829 durchsetzten. Die direkte Rede würde damit nicht in Widerspruch stehen. Ferner wird in Cap. 4 und 5 berichtet, dass Wala eine Anzahl Reformen gefordert hat, die auf der Pariser Synode, wie wir aus den Akten ersehen, wirklich zur Verhandlung kamen, dass auch er vornehmlich das Institut der königlichen Capelle auf das heftigste angegriffen hat. Nun finden sich aber auch einige sehr auffallende Nachrichten, die zu der Dümmler'schen Auffassung nicht stimmen wollen. Wir hören Cap. 4, dass man dem Wala noch um das Jahr 851 nachsagte, quia voluerit res ecclesiarum dividerentur, tantumque remaneret ecclesiis, quantum admodum sufficeret; cetera vero militiae saeculi deservirent. Wir wollen gern zugeben, dass Radbert diesen Vorwurf absichtlich übertrieben hat, um ihn leichter zurückweisen zu können, aber das muss man nach dieser Nachricht doch wohl für sicher halten, dass Viele in Wala etwas Anderes sahen als einen eifrigen Verfechter kirchlicher Ansprüche. Noch Genaueres erfahren wir über sein Verhältniss zur Geistlichkeit durch einige andere Sätze aus Cap. 4: (Arsenius) super hac re (rebus ecclesiarum) nihil temere praefinivit vel significavit: sed hortatus est solummodo, quodcumque fiendum esset, sic omnino fieret, ne utri eorum pro rebus terrenis in Deum peccarent; unde cum a quibuslibet tentaretur episcoporum, quid exinde vellet, nihil aliquis aliud rescire potuit, quam quod omnibus coram Augusto simul dixit. Offenbar nachdem die officiellen Verhandlungen geschlossen waren und der Kaiser schon die Versammlung verlassen hatte, wurde Wala von einigen Bischöfen privatim in Betreff seiner Reformprojekte gefragt. Seine Antwort lässt deutlich erkennen, dass er nur für den Kaiser, nicht aber für die anwesenden Grossen gesprochen hatte. Ist dies Thatsache, und die Nachricht macht durchaus den Eindruck der Glaubwürdigkeit, so ist klar, dass die Bischöfe in Wala nicht einen Verbündeten und am wenigsten ihr Haupt gesehen haben; vielmehr müssen sie nicht gewusst haben, was für ein Ziel er im Auge hatte. Leider ist der ganze Bericht des Radbert sehr widerspruchsvoll. Nachdem soeben erzählt ist, dass Wala sich weigerte einen Reformplan vorzulegen, heisst es weiter: Monasteriorum interea, dum haec tractarentur, ostendit et enumeravit pericula etc. Der Widersinn ist offenbar, denn er entwickelt ja die Punkte, wo nach seiner Meinung die Reform anzusetzen habe. Den wahren Sachverhalt mit Sicherheit herzustellen, ist nicht mehr möglich. Ein höchst auffallender Widerspruch findet sich auch zwischen Ende Cap. 2 und Anfang Cap. 3. Cap. 2: Nachdem Wala die sittliche Verderbtheit des Klerus geschildert hatte, heisst es: nullus abnegavit. Wenige Zeilen weiter unten hören wir aber von einem tumultuarischen Auftritte, wo gegen seine Worte weltliche wie geistliche Fürsten mit lautem Geschrei opponiren. Mir ist dieser Abschnitt unverständlich geblieben und wie es scheint, hat Radbert selbst keine ganz klare Vorstellung von den Vorgängen gehabt.

Glücklicherweise haben wir einen sicheren Ausgangspunkt für unsere Untersuchung in der direkten Rede des Wala. Sie enthält in erster Linie eine Warnung an den Kaiser, sich nicht an Kirchengut zu vergreifen. Dass der Staat damit auf alle Rechte verzichte, lag nicht in Walas Absicht und darum betont er zweimal, dass man sich mit dem Klerus einigen müsse; da er aber verschweigt, auf welche Principien hin, ist seine Forderung unpraktisch und kann ernst nicht gemeint sein. Wir müssen daher annehmen, dass er dem Kaiser nur für den Augenblick die Verfügung über das Kirchengut nehmen wollte, dass er aber, um sich selbst nicht durch Aufstellung eines Princips für die Zukunft die Hände zu binden, immer wieder auf ein gütliches Uebereinkommen hinwies. Was seine eigentliche Absicht war, ist nicht schwer zu errathen: „indem er die willkürliche Verwendung von Kirchengut abzuschneiden suchte, entzog er dem Kaiser einen der wirksamsten Hebel zum Besten des kleinen Karl." Wo er also die geistliche Bewegung zu diesem Zwecke ausnutzen wollte, erklärt sich sehr wohl die misstrauische Frage der Bischöfe, was er denn eigentlich wolle. Ob er auch im Ernste kirchliche Reformen wünschte, wissen wir nicht; es ist nicht unwahrscheinlich, aber sein nächstes Ziel war ein anderes und es scheint mir bei der mangelhaften Ueberlieferung nicht erlaubt, sein Verhältniss zu den Bischöfen genauer zu fixiren.

Wie schon erwähnt, muss man zweifeln, ob Radbert von Walas Stellung einen klaren Begriff gehabt hat. Höchst wahrscheinlich entspricht es seiner besten Ueberzeugung, wenn er uns erzählt, wie sein Freund in sittlicher Beziehung hoch über allen seinen Zeitgenossen stand und einzig dahin strebte, das religiöse Leben seines Volkes zu fördern und Missbräuche auszurotten. Denn hätte Radbert eine volle Einsicht in seine Pläne gehabt und hätte er ihn anders schildern wollen, als er ihn kannte, so brauchte er nicht die Rede wiederzugeben, welcher nicht die Tendenz innewohnte, die er hineinlegte. Auch das spricht zu seinen Gunsten, dass, während sich sonst Fälschungen durch eine gewisse ansprechende Klarheit und Wahrscheinlichkeit auszeichnen, hier dagegen die grösste Confusion herrscht. In den 22 Jahren, die mindestens verflossen waren, ehe Radbert daranging, die Ereignisse aufzuzeichnen, mögen sich manche Bilder in seinem Gedächtnisse verwischt haben und er mag seinem Freund und Meister in seiner Verehrung für ihn bona fide Worte in den Mund gelegt haben, die er niemals gesprochen hat. Wie man aus der gequälten Gedankenverbindung erkennt, hat es ihm Mühe genug gekostet, seine beiden Quellen, die Rede des Wala und seine eigene Erinnerung in Einklang zu bringen, aber die Ueberzeugung, dass Wala so gewesen sei, wie er in seinem Gedächtnisse fortlebte, half ihn über diese Schwierigkeit hinweg. Wir können uns auf diese Weise die Entstehung der Cap. 1—5 sehr wohl erklären, ohne eine bewusste Fälschung anzunehmen. In dem auffallenden Umstande, dass Radbert nur von drei statt vier Synoden redet, die 829 abgehalten sein sollen, können wir nicht eine absichtliche Entstellung, sondern nur einen Irrthum sehen. Wir erkennen aus dieser Nachricht wieder, was wir schon beim ersten Buche bemerkten, dass Radbert gegen Alles, was mit dem Leben des Wala nicht in direktem Zusammenhange steht, gleichgültig ist, dass ihn die grossen geschichtlichen Ereignisse seiner Zeit weniger interessiren als die Thätigkeit seines Freundes.

In Cap. 6—8 wird uns von den Begebenheiten berichtet, die der Erhebung der Söhne 830 unmittelbar vorangingen. Das ganze Volk war sittlich verdorben und weil es den Worten des Wala nicht Gehör schenkte, ereilte es das Strafgericht Gottes (Cap. 6). Auch die staatlichen Verhältnisse sind völlig zerrüttet, täglich brechen Bürgerkriege aus, die Feinde dringen über die Grenzen und zerstören Städte und Dörfer (Cap. 7). Am schlimmsten wurde es aber, als Bernhard an den Hof kam; denn er befleckte das Bett des Kaisers, entsetzte die besten Räthe ihres Amtes und löste alle Bande der Ordnung und des Rechts. Die Pfalz, einst ein theatrum honestatis, wurde jetzt ein Tummelplatz der Lüste und war angefüllt mit Wahrsagern und Zauberern. In der zweiten Hälfte von Cap. 8 wird ausgeführt, dass Wala sich schliesslich empörte, weil er erfahren hatte, dass Bernhard den Kaiser, seine Söhne und viele der Ersten des Reichs ermorden wollte. Was erzählt also Radbert, der in Cap. 1 versprochen hat, die Wahrheit frei herauszusagen? Von den ehrgeizigen Bestrebungen der Judith, ihrem Sohne ebenfalls ein Königreich zu verschaffen, von dem Zerwürfnisse des Hofes mit der Aristokratie, überhaupt von den eigentlichen politischen Verhältnissen weiss er Nichts, ja, was charakteristisch ist, der Name Karls des Kahlen wird nicht einmal genannt. Dafür sollen wir glauben, dass sich Wala gegen den Kaiser erhob, weil Bernhard denselben aus dem Wege räumen wollte. Schon diese kurze Inhaltsangabe muss uns gegen das politische Fassungsvermögen des Radbert bedenklich machen.

Die wenigen Thatsachen, von denen wir hören, sind ohne grossen historischen Werth. Dass wirre Zustände im Reiche herrschten, ist bekannt, aber so schlimm, wie Radbert sie schildert, waren sie doch nicht. Man merkt die Absicht: je tiefer die Schatten des Gemäldes waren, um so heller musste die Gestalt des Wala hervortreten und um so leichter liess sich seine Handlungsweise rechtfertigen. Daher die Uebertreibungen: cottidie civilia surgunt bella; — exercitus totius patriae paene huc illucque perimitur: provinciae pagi et urbes passim depopulantur. Dass es sich mit den Nachrichten über das Leben und Treiben am Hofe ähnlich verhält, bezeugt schon die Masslosigkeit der Angriffe. Freilich muss es im Winter 829 auf 830 in Aachen ungewöhnlich bewegt hergegangen sein; denn wir lesen Ann. Einh. 829: Ludwig feierte die Feste cum magna laetitia et exsultatione. Daraus macht der Astronomus (Cap. 43), der die Annalen benutzt hat: festivitatem, — ut decebat, celebriter peregit. Er hält es also für nöthig, den Kaiser durch ut decebat zu entschuldigen. Ist man bis so weit geneigt, Radberts Angaben über die Zustände am Hofe immerhin einigen Glauben zu schenken, so wird man höchst sonderbar durch folgenden Satz berührt: Commota sunt omnia viscera ejus (Arsenii) pietatis affectu, eo quod esset theatrum, honestatis olim, palatium factum, in quo sortilegarum praestigia recidiva scaturierunt. Auch hier haben wir eine jener Halbwahrheiten, denen wir schon öfter begegnet sind. Es ist zwar richtig, dass Ludwig bis dahin streng auf ehrbare Sitte am Hofe gehalten hatte — man denke an die Massregeln unmittelbar nach seiner Thronbesteigung —, aber wir müssen unwillkürlich an den Hof Karls des Grossen denken, der, wie Radbert sehr wohl wusste (V. Adalh. 33), wahrlich kein theatrum honestatis gewesen war. Die Frage, ob Judith die Ehe gebrochen hat oder nicht, wird wohl niemals entschieden werden (Meyer v. Knonau, Nithard S. 10); denn die Schriftsteller, welche sie gegen die Beschuldigung vertheidigen, sind ebenso parteiisch, wie die, welche sie anklagen. Unzweifelhaft ist aber, dass die politische Verbindung zwischen ihr und Bernhard eine äusserst enge war. Radberts Worte machen übrigens den Eindruck, als habe er selbst geglaubt, was er geschrieben hat.

Von Bedeutung für die Geschichte ist allein die zweite Hälfte von Cap. 8. Radbert spricht offenbar als Augenzeuge: Kaum war Wala von der Ruhr genesen, an der er lange Zeit daniedergelegen hatte, als (im Winter 829 auf 830) in seinem Kloster eine Anzahl weltlicher und geistlicher Grossen erschienen, die vom Hofe kamen und die schlimmsten Dinge zu berichten wussten. Wala reiste selbst noch einmal hin, um durch seine persönliche Einwirkung den Kaiser und Bernhard auf den rechten Weg zu führen, aber vergebens. Als er kaum nach Corbie zurückgekehrt war, suchten ihn von Neuem viele der angesehensten Männer auf, wie es heisst, vom Hofe vertrieben, dejecti et depulsi. Dennoch rieth er ihnen zurückzukehren, was sie augenscheinlich thun (quo facto). Dies ist nur möglich, wenn sie nicht als Vertriebene oder Verbannte gekommen waren, sondern zu einer Besprechung. Bald darauf begeben sich wiederum Grosse zu ihm nach Corbie und melden ihm, dass Bernhard den Plan gefasst habe, den Kaiser, seine Söhne und viele der Fürsten zu ermorden. Was Wala darauf thut, drückt sehr bezeichnend der folgende Satz aus: (Arsenius) misit iterum rursus atque iterum idoneas et sanctae religionis personas, et probatissimas, occulte qui venirent, et essent tantisper infra palatium apud quosdam, qui erant qualitercunque in eisdem consiliis, quousque quid rerum esset, diligentius perscrutarentur. Da nun Wala die sichersten Nachrichten von denen erhielt, die er an den Hof geschickt hatte, berieth er sich mit den höchsten Würdenträgern und den höchsten Beamten der Pfalz und mit einigen Bischöfen und entschied sich mit den angesehensten und erleuchtetsten Männern gegen den Kaiser, misit se — in magnum discrimen, d. h. er erhob die Fahne der Empörung. Es ergiebt sich von selbst, dass Wala ein Kundschaftersystem nicht organisirt hat, um nachzuforschen, ob Bernhard wirklich das Leben des Kaisers bedrohe, sondern um die politischen Pläne des Hofes möglichst genau zu erfahren. Unzweifelhaft wurde durch die lebhaften Verhandlungen, die im Winter 829 auf 830 zwischen den Grossen in Achen und Wala in Corbie stattfanden, die Erhebung des Jahres 830 vorbereitet.

Die Frage, ob Radbert eine Fälschung beabsichtigt hat, lässt sich für diese Capitel ziemlich bestimmt beantworten. Wie schon erwähnt, übergeht er die historisch wichtigsten Ereignisse und Verhältnisse mit Stillschweigen und sucht die Ursache der Empörung da, wo sie gar nicht liegen kann. Dass Bernhard niemals daran gedacht hat, Ludwig zu ermorden, bedarf kaum eines Beweises, denn er konnte wohl im Namen und mit der Macht des Kaisers regieren, aber nie selbst Kaiser werden. Kein Mann von politischer Einsicht wird ein derartiges Gerücht für wahr halten und wenn er nicht daran glaubt, wird er sich hüten, es selbst in einem Pamphlete zu verwenden, weil er sich eine starke Blösse geben würde. Es ist auch zu beachten, dass Radbert genauer und besser unterrichtet ist, sobald er als Augenzeuge spricht. Ziehen wir zu den Ergebnissen dieser Capitel die, zu denen uns das erste Buch geführt hat, so wird es uns immer wahrscheinlicher, dass er weder Interesse noch Verständniss für politische Dinge gehabt hat.

In Cap. 9 bis Cap. 10 Mitte erzählt Radbert als Augenzeuge die Erhebung der Söhne 830: Nach einem heftigen Ausfalle gegen den Bernhard, welcher beschuldigt wird, er habe den Kaiser durch Zauberkünste beherrscht, geht Radbert auf die Empörung selbst über und sagt: Viele nennten den Wala einen Unheilstifter, weil Niemand den Zusammenhang der Begebenheiten genau kenne; die Menschen könnten nicht unterscheiden, wer ihnen Gutes und wer Böses gebracht habe. Da aber die Kaiser als Schlachtopfer zum Tode gingen, that sich die Hand des Herrn über dem Volke auf, Alle strömten zusammen, Jeder erzählte, was er wusste, und man kam zu der Ueberzeugung, dass es Bernhard auf das Leben des Kaisers, seiner Söhne und vieler der Grossen abgesehen habe. Auch König Pippin war zugegen, gegen welchen ein Heer im Anmarsche war, ohne dass sein Vater darum wusste, denn nach diesem sollte er der Erste sein, der stürbe. Während man noch unentschlossen zauderte, erschien plötzlich der jüngere Ludwig, welcher lange am Hofe in scharfer Haft gehalten und durch einen Eid, den er zusammen mit seinem Vater geleistet hatte, gebunden gewesen war. Er enthüllte alle schändlichen Pläne der Gegner und die Brüder beschlossen lieber zu sterben, als solche Schmach länger zu dulden; sie wollen die Pfalz reinigen, die Kaiserin bestrafen und den Kaiser sich selber wiedergeben. Trauernd stimmte Wala zu, da er keinen anderen Ausweg sah. Cap. 10 ist sehr charakteristisch wegen seiner Composition. Es beginnt mit einer Rede Ludwigs des Frommen, in der er offen ausspricht, man habe sich mit Recht gegen ihn erhoben, weil er sich aufs Schwerste vergangen habe. Auf diese Weise ist die Handlungsweise des Wala nicht nur gerechtfertigt, sondern auch gelobt und Radbert kann sich daher in Ausfällen gegen die Verläumder ergehen. Die wenigen Thatsachen, welche darauf erwähnt werden, die Ankunft des Lothar aus Italien, die Blendung von Bernhards Bruder Heribert u. s. w., bilden nur den Uebergang zu einer Schilderung der Sinnesänderung des Kaisers. Dadurch, dass er die, welche er kurz vorher seine Wohlthäter genannt hat, verfolgt und bestraft, wird Wala zum Märtyrer, der zum Lohn für seine frommen Bemühungen in die Verbannung geschickt wird. Man muss gestehen, dass diese beiden Capitel kaum ein geschichtlicher Bericht zu nennen sind, dass der Schreiber, der dazu Augenzeuge ist, etwas Anderes beabsichtigt hat als eine einfache Wiedergabe von Thatsachen.

Sehr vielen Staub hat in Cap. 9 der Satz aufgewirbelt: advolavit extimis a custodiis, et sacramentis diu detentus, quae cum patre eo in tempore pertulerat Gratianus. Da die V. Walae die einzige Quelle ist, die von einer Betheiligung des jüngeren Ludwig an der Erhebung des Jahres 830 etwas weiss, so fragen wir zunächst, ob die Angabe nach den politischen Verhältnissen, so weit wir sie kennen, wahr sein kann. Dagegen spricht: 1) Dass Ludwig am Hofe in scharfer Haft gehalten wurde (extimis custodiis), ist kaum denkbar, denn sicherlich würden sich seine Brüder diesen schönsten Vorwand zu einer Empörung nicht haben entgehen lassen. Freilich ist nicht unmöglich, dass ihm Bernhard und Judith irgendwie den Eid abgelockt haben, sich nicht vom Hofe zu entfernen, gleichwie sein Vater wahrscheinlich durch mancherlei eidliche Zusicherungen gebunden war. Man müsste also wenigstens den Ausdruck extimis a custodiis fallen lassen. 2) Es wäre denkbar, dass Radbert diese Nachricht erfunden hätte, um durch die Einheit aller drei Brüder zu zeigen, wie alle guten Elemente gegen den Hof zusammenhielten. In diesem Falle müsste man ihm aber einigen politischen Sinn zutrauen. — Anderseits spricht für die Richtigkeit der Angabe: 1) Der Kaiser verlieh im Sommer 829 seinem Sohne Karl Alamannien, Elsass, Currätien und einen Theil von Burgund (Simson I, 327). Der zunächst dadurch Geschädigte war freilich Lothar, dessen Erbtheil geschmälert wurde, doch Ludwig konnte dieser Akt ebenfalls nicht gleichgültig sein. Wir hören auch, dass sowohl er wie Lothar, die der Verleihung beiwohnten, im hohen Grade erbittert waren (Thegan 35). 2) Nach Radberts Bericht trifft Ludwig mit den Aufständischen erst zusammen, als sich Pippin schon mit ihnen vereinigt hatte. Da Bernhard seine Sache sofort verloren gab (Astron. 44), so wäre es sehr thöricht gewesen, wenn sich Ludwig nicht bei Zeiten auf die Seite der Empörer geschlagen und sich nicht, so schnell er konnte, zu ihnen begeben hätte. 3) Ludwig erschien allein ohne Heer und darum ist es erklärlich, dass die anderen Schriftsteller seine Betheiligung an der Erhebung nicht ausdrücklich erwähnen. Es kommt hier, wo ein Irrthum ausgeschlossen ist, Alles darauf an, ob wir Radbert für fähig halten, ein Ereigniss geradezu zu erfinden. Bis jetzt haben wir ihm wohl wissentlich unrichtige Motivirungen und eine unrichtige Auffassung nachweisen können, nicht aber eine offenbare Erdichtung; denn wir nahmen an, dass der Angabe in V. Walae I, 16, welche wir zwar als unmöglich verwarfen, eine auf irgend eine Weise entstellte Thatsache zu Grunde liege. Ausserdem vergesse man nicht, dass, wer auch immer die Leser waren, es doch bedenklich sein musste, ihnen eine so eklatante Unwahrheit zu berichten. Da wir nach unserer bisherigen Untersuchung in der V. Walae keine systematische Fälschung sehen konnten, gewinnt die Richtigkeit der Angabe sehr an Wahrscheinlichkeit.

Die übrigen in Cap. 9 angeführten Thatsachen sind eine Bestätigung oder weitere Ausführung dessen, was wir schon aus anderen Quellen wissen. Auch nach der Darstellung des Radbert haben sich zuerst die Grossen empört und hat sich Pippin ihnen erst angeschlossen. Ueber das erste Zusammentreffen derselben und die Beschlüsse, die dabei gefasst wurden, wird noch später Einiges zu sagen sein. Ebenso ist in Cap. 10 thatsächlich wenig Neues enthalten. Der Kaiser mag auf dem Reichstage von Compiegne so ungefähr gesprochen haben, wie uns berichtet wird, aber seine Worte haben für uns keinen Werth, weil sie aus dem Zusammenhange gerissen sind und weil Radbert selbst zugiebt, dass sie vielleicht nicht ganz genau wiedergegeben seien. Bezeichnend ist für ihn, dass er wieder ein unmögliches Gerücht für eine Thatsache ausgiebt: Bernhard hätte für den Fall, dass er seine Pläne nicht würde ausführen können, mit der Judith nach Spanien entfliehen wollen. Wie nachlässig übrigens Radbert in Bezug auf den eigentlich historischen Theil seiner Darstellung gearbeitet hat, zeigt sich besonders, wenn man die Charakteristik Ludwigs in Cap. 9 und 10 vergleicht: agnus innocens (Cap. 9) — cum populo gratias pro his referret, quamvis in corde aliud occuleret (Cap. 10). Einem Fälscher von politischer Einsicht wäre dies nicht passirt. Zu glauben haben wir dagegen dem Radbert, was er von der Verurtheilung des Wala sagt: Arsenius noster rapitur, Pontificum tamen officio, jubente Augusto, — exsiliatur. Alles nämlich, was mit kirchlichen Angelegenheiten in Zusammenhang steht, interessirt ihn und darum müssen wir ihn hier für gut unterrichtet halten. Offenbar hat man Wala vor ein geistliches Gericht gestellt und er wird, wie der Bischof Jesse von Amiens, durch den Spruch des Metropoliten Ebo verurtheilt sein.

Wodurch erklärt sich dieser bei einem Augenzeugen auffallende Mangel an Thatsachen? 1. Es bestätigt sich, was wir schon beim ersten Buche bemerkt haben, dass die V. Walae nicht so sehr eine Biographie des Wala als vielmehr eine Apologie zu nennen ist (ut Arsenius noster magis exsulabilis videatur V. W. II, 9). Darum wird von geschichtlichen Ereignissen nur das erwähnt, was eine direkte Beziehung zu seiner Thätigkeit hat und sich gut zur Rechtfertigung verwenden lässt. 2. Es ist ganz offenbar, dass Radbert mehr weiss, als er sagt; daraus aber schliessen zu wollen, dass seine Darstellung nicht seiner Ueberzeugung entspricht, wäre verkehrt; denn man bemerkte wohl, nicht die politischen Schritte des Wala als solche will er als richtig und nothwendig vertheidigen, sondern er behauptet nur, dass derselbe stets ein sittlich reiner Mensch gewesen ist. Freilich nimmt er als selbstverständlich an, dass ein sittlich reiner Mensch auch stets in der Politik den richtigen Weg finde. Darum kommen für Radbert die geschichtlichen Ereignisse erst in zweiter Linie in Betracht und darum bemüht er sich so wenig um eine anschauliche Darstellung derselben.

Dies mangelnde Verständniss, diese Gleichgültigkeit spricht dafür, dass unrichtige Angaben bei ihm eher auf Irrthum beruhen als auf absichtlicher Entstellung. Wenn wir deshalb annehmen, dass er einfach berichtet, was er gesehen hat, so gewinnen einige Sätze in Cap. 9 ein höheres Interesse für uns. Dann hat Radbert gesehen, wie Wala cum divino timore maerens ac dolens consensit; er hat gehört wie die Aufständischen sagten, sie kämen zusammen pro fide regis et regni, pro salute populi et patriae, pro stabilitate imperii et filiorum successione, und wenn nicht diese Worte, so werden sie ähnliche gesprochen haben; auch ist zu bemerken, dass in vier Zeilen dreimal von der Fügung Gottes die Rede ist. Hieraus können wir uns, dünkt mich, ein Bild machen, wie man bei dem ersten Zusammentreffen vorgegangen ist. Ausser Wala standen 830 noch mehr vornehme Geistliche auf der Seite der Söhne: Jesse von Amiens, Hilduin von St. Denis, die in der Nähe residirten, mögen sich schon an dem ersten Ausbruche der Empörung betheiligt haben. Es war daher natürlich, dass man derselben den politischen Charakter zu nehmen und ihr einen religiösen Anstrich zu geben suchte. Man war voll sittlicher Entrüstung über das gottlose Treiben des Hofes, man wollte für sich Nichts, sondern nur den Kaiser aus den Händen der Judith und des Bernhard befreien und die alte Ordnung herstellen, man pries die göttliche Vorsehung, die sie zu einem so guten Unternehmen zusammengeführt hatte. Durch solche Künste wird es den Grossen möglich geworden sein, die Masse des fränkischen Heerbannes mit sich fortzureissen.

Cap. 10 Mitte bis Cap. 13. Nach dem Verlaufe, den unsere Untersuchung bis jetzt genommen hat, muss uns die Sendung des Radbert, welche in der zweiten Hälfte von Cap. 10 berichtet wird, in einem anderen Lichte erscheinen. Um sich seine Handlungsweise zu erklären, braucht man nicht mehr Gesinnungslosigkeit bei ihm vorauszusetzen, sondern nur Mangel an Erkenntniss und freilich Schwäche und Eitelkeit. Man könnte sich den Hergang sehr wohl folgendermassen denken: Es wird dem Radbert von angesehenen Männern des Hofes vorgestellt, dass der, welcher alles Unheil angerichtet habe, dass Bernhard fort sei und kein Grund mehr vorliege, gegen den Kaiser Opposition zu machen. Wala solle nur eingestehen, dass er zu weit gegangen sei, er würde sofort begnadigt werden, eine höchst angesehene Stellung erhalten und alle Reformen, die er beabsichtige, durchführen können. Radbert leuchtet dies ein und geschmeichelt durch das Vertrauen, das man auf ihn setzt, begiebt er sich zu Wala. Ist diese Erklärung richtig, so ist diese Stelle der V. Walae geeignet, uns weiteren Aufschluss über Radberts Charakter zu geben. Wenn er wirklich so tief davon durchdrungen gewesen wäre, dass nur Wala das Gute wollte, so wäre es ihm trotz mangelnder politischer Einsicht unmöglich gewesen, eine solche Sendung anzunehmen, weil dieselbe schon einen Zweifel voraussetzt. Aber seine Eitelkeit war zu mächtig und der Ruhm, den endlichen Frieden vermittelt zu haben, zu lockend. Dabei mag er in Wala immerhin einen Mönch, einen Heiligen gesehen, wie es die warme Verehrung, mit der er stets von ihm spricht, wahrscheinlich macht; wo wir aber sehen, dass in einer schwachen Stunde der Versucher an ihn herantrat und er zweifelte, liegt die Vermuthung nahe, dass er den Wala überhaupt noch etwas grösser geschildert hat, als er nach seiner Ueberzeugung gewesen ist. Damit fänden auch die Sophismen, deren er sich öfter schuldig macht, ihre Erklärung.

Im Uebrigen sind diese Capitel durchaus im erbaulichen Tone gehalten und ohne grossen historischen Werth. Weswegen man den Wala von seinem ersten Verbannungsorte, wahrscheinlich Chillon, nach Noirmoutier und von dort in ein deutsches Kloster brachte, ist nicht recht klar. Beachtenswerth ist allerdings, dass am Schluss des Jahres 831 Pippin vom Hofe entfloh und Anfang 832 Ludwig von Baiern sich gegen seinen Vater empörte. Möglicherweise sind diese Vorgänge mit dem Aufenthalte des Wala zu Noirmoutier und in dem deutschen Kloster zusammengefallen. Ob er indessen die Söhne gegen den Vater aufgehetzt hat, bleibt ungewiss, wahrscheinlich nahm aber der Hof eine Verbindung mit ihnen an oder er fürchtete sie und suchte sie dadurch zu verhindern, dass er den Wala so oft den Aufenthaltsort wechseln liess.

Cap. 14 bringt wieder Mancherlei, was wir nicht zu enträthseln vermögen. Weshalb wurde Wala nach Corbie gebracht und wie war sein Verhältniss zum Kaiser? Man könnte sich vorstellen, dass dieser einen Mann wie Wala nicht gern in dem Gebiete der Söhne internirte, sondern lieber in dem Theile des Reichs, den er noch unmittelbar beherrschte; aber man wundert sich, dass er so spät auf Gedanken kam und dass er seinen Gefangenen den Mönchen von Corbie anvertraute. Hat man Wala besonders kränken wollen, indem man ihn dort als einfachen Mönch leben liess, wo er einst als Abt geschaltet hatte? Dann trieb man ein gefährliches Spiel; er hatte die Mönche völlig in seiner Hand und wenn er entfliehen wollte, so war nicht zu erwarten, dass diese ihm Schwierigkeiten in den Weg legen würden. Oder hatte man die Halbheit begangen, ihn zu begnadigen, ohne ihm seine alte Stellung wiederzugeben? Wir wissen es nicht und es ist nutzlos, sich in Vermuthungen zu ergehen.

Ferner hören wir in Cap. 14 Folgendes: Wala war noch nicht lange wieder in Corbie, als Abgesandte der Söhne und des Papstes erschienen. Sie überbrachten ihm von letzterem einen Brief, in welchem er aufgefordert wurde, sein Kloster zu verlassen, um an der Wiederherstellung des Friedens zwischen dem Vater und den Söhnen mitzuwirken. Da er sich weigerte die Gesandten zu begleiten, drohten sie ihm mit Gewalt hinwegzuführen, zu welchem Zwecke sie schon das Kloster mit Bewaffneten besetzt hatten. Zugleich gaben sie ihm gute Worte und erzählten, wie durch ein Wunder Gottes die vom Kaiser verschlossenen Alpenpässe sich vor ihnen geöffnet hätten. Endlich liess sich Wala durch die Vorstellungen der Brüder bewegen, den Gesandten zu folgen. — Dieser Bericht klingt nicht unwahrscheinlich. Danach wäre Wala durch einen kühnen Zug aufgehoben worden, der im Auftrage der Söhne von dem Gebiete des Pippin aus unternommen war. Man dachte wohl weniger daran, gegen die Mönche oder gegen Wala Gewalt zu brauchen, als gegen irgend einen Grossen oder einen feindlichen Heerestheil, der sich ihnen entgegenstellen könnte. Weshalb Wala sich Anfangs weigerte mit den Gesandten zu gehn, sagt uns Radbert nicht, er hat es auch schwerlich gewusst, es ist aber durchaus unwahrscheinlich, dass er sich durch die Mönche hat überreden lassen; denn dazu wird er zu gut gewusst haben, was er wollte. Offenbar überschätzt Radbert wieder einmal die Bedeutung seiner eigenen Person. Vielleicht missbilligte Wala die Einmischung des Papstes in die rein weltlichen Angelegenheiten des Frankenreiches; vielleicht erwarte er doch keinen Erfolg von der Coalition, vielleicht war auch der Erfolg, welcher überhaupt möglich war, nicht der Art, wie er ihn wünschte, vielleicht auch war sein Widerstreben nur ein scheinbares, dass er sich zwingen lassen wollte. Wir können mit Sicherheit den Grund seiner Weigerung nicht angeben. Zu beachten ist wieder, dass Radbert nur das erzählt, was er selbst gesehen hat, dass seinen gleichsam persönlichen Verhältnissen gegenüber die politischen in den Hintergrund treten; denn den Zweck der Anwesenheit des Papstes und die Ursache der Empörung der Söhne nennt er nur nebenbei.

In Cap. 15 vertheidigt Radbert den Wala gegen den Vorwurf, er hätte Unrecht gethan, sich wieder in die politischen Angelegenheiten einzumischen. Es ist zu bemerken, dass nicht die Aufforderung oder der Befehl des Papstes sondern die Stellung, die er bisher eingenommen, ihn verpflichtet haben soll, pro justitia stare, pro fide decertare contra tot taliaque quae acciderunt. Am Schlusse des Capitels wird erwähnt, dass Radbert bei den nun folgenden Ereignissen ein unzertrennlicher Begleiter des Wala gewesen ist (comes fuit inremotus).

Cap. 16. Die Gesandten nahmen mit Wala und Radbert ihren Weg mitten durch die heranziehenden feindlichen Heeresmassen, erreichten glücklich ihr Ziel und wurden von den Söhnen und dem Papste freudig begrüsst. Letzteren fanden sie in grosser Unruhe, weil ihm die fränkischen Bischöfe mit Absetzung gedroht hatten, da er, ohne von ihnen gerufen zu sein, über die Alpen gekommen wäre. Er wurde aber getröstet und zwar, wie Radbert erzählt, folgendermassen: ei dedimus nonnulla sanctorum **patrum** auctoritate firmata, praedecessorumque suorum conscripta, quibus nullus contradicere possit, quod ejus esset potestas, immo Dei et beati Petri apostoli, suaque auctoritas, ire, mittere ad omnes gentes pro fide Christi et pace ecclesiarum, pro praedicatione evangelii et assertione veritatis; et in eo esset omnis auctoritas beati Petri excellens et potestas viva, a quo oporteret universos judicari, ita ut ipse a nemine judicandus esset. Quibus profecto scriptis gratanter accepit et valde confortatus est. Es ist viel darüber gestritten worden, ob man in den conscripta die Anfänge der falschen Decretalen zu sehen habe. Eine Entscheidung dieser Frage wird möglich durch die Betrachtung des Briefes, den der Papst an die fränkischen Bischöfe als Antwort auf ihre Drohung gerichtet hat (Agobard. ed. Bal. II, 53). Derselbe muss vor der Gefangennahme des Kaisers verfasst sein, also ungefähr zu der Zeit, da Wala und Radbert im Lager ankamen. Er stützt sich hauptsächlich im ersten Theile auf die Autorität von zwei Kirchenvätern, des Gregor von Nazianz und des Augustin. Von ersterem sind aus Oratio 17 cap. 8 einige Sätze citirt, die zwar nicht wörtlich übertragen sind, aber den Gedankengang des Originals genau wiedergeben, an einzelnen Stellen auch wörtlich; von letzterem ist eine Stelle aus dem 5. Buche de Civitate Dei wörtlich entnommen und eine andere aus der Schrift contra lites Petiliani ihrem Inhalte nach, da eine wörtliche Entlehnung nicht möglich war. Sicherlich hat der Papst nicht nach dem Gedächtnisse citirt, sondern er muss einen Text vor sich gehabt haben. Wie ist er aber zu diesen Belegstellen gekommen? Bücher waren damals sehr selten und auch in den grösseren Klöstern nur in geringer Zahl zu finden; de civitate Dei mag in häufigen Abschriften existirt haben, die Stelle aus dem Buche contra lites Petiliani könnte man zur Noth im Kopfe gehabt haben, aber von Gregor von Nazianz wird kaum der Name, noch weniger der Inhalt seiner Schriften bekannt gewesen sein; da schliesslich der Papst wohl keine Bibliothek über die Alpen mitgebracht hat und im Feldlager voraussichtlich an etwas Anderes dachte als daran, ob sich vielleicht die Autorität eines Kirchenvaters zu seinen Gunsten gegen die Bischöfe gebrauchen liesse, so kann es nur ein glücklicher Zufall gewesen sein, dem er die Belegstellen verdankte. Wenn wir nun hören, dass ihm Wala und Radbert nonnulla sanctorum patrum auctoritate firmata, praedecessorumque suorum conscripta übergeben haben, so kann kein Zweifel sein, dass dies eben jene Citate aus den Kirchenvätern gewesen sind. Wie eine Vergleichung zeigt, entspricht ihr Inhalt vollständig den Worten der V. Walae: in eo esset omnis auctoritas beati Petri excellens et potestas viva, a quo oporteret universos judicari, ita ut ipse a nemine judicandus esset (V. W.) — lex Christi sacerdotali vos nostrae subjicit potestati atque istis tribunalibus subdit: Dedit enim nobis potestatem, dedit principatum multo perfectiorem principatibus vestris (Agob. II, 54). Es soll nicht geleugnet werden, dass auch ein grosser Unterschied zwischen den beiden Stellen besteht, insofern Gregor nur von der Superiorität des geistlichen Standes spricht, die V. Walae dagegen schon von der des römischen Stuhls, aber es ist das bedeutungslos, da die Worte des Gregor von dem Papste genau in dem von der V. Walae angegebenen Sinne benutzt werden. Ob indessen Radbert, denn dieser wird es gewesen sein, dem Papste die betreffenden Schriften des Gregor und des Augustin übergeben hat oder wirklich päpstliche Decretalen, in denen die Worte citirt waren, diese Fragen können wir unerörtert lassen. Für uns genügt es nachgewiesen zu haben, was jene conscripta waren, und dass sie nicht der erste Ansatz der pseudo-isidorischen Decretalen waren, denn für diese sind die Citate nicht verwendet worden. Es will uns sogar scheinen, als habe Radbert die Decretalen noch nicht gekannt, da er das zweite Buch schrieb, anderenfalls hatte er wohl in Cap. 15 geltend gemacht, dass Wala schon in Folge der Aufforderung des Papstes verpflichtet gewesen wäre, sich der neuen Erhebung anzuschliessen.

Auch von den in diesem Capitel erwähnten Thatsachen können wir keine als unrichtig nachweisen: auf dem Wege von Corbie an den oberen Rhein mögen sie häufig genug durch feindliche Heerhaufen bedroht gewesen sein und der Astronomus bestätigt uns, dass mit dem Briefwechsel zwischen dem Papste und den Bischöfen der Kampf eröffnet wurde. Als Augenzeuge ist Radbert wieder wahr und zuverlässig.

In Cap. 17 wird dem Wortlaute nach der Briefwechsel mitgetheilt, der zwischen Ludwig und seinen Söhnen vor der Entscheidung geführt sein soll. Simson (II, 38) ist der Meinung, dass derselbe höchst wahrscheinlich auf einer Erfindung des Radbert beruhe, zumal die Beschwerdepunkte Ludwigs nur kurz, die Erwiderungen der Söhne dagegen in aller Breite ausgeführt seien und in Gedankengang und Sprache denselben Charakter trügen wie seine eigene Schrift. Wir wollen prüfen, in wie weit uns dies Urtheil gerechtfertigt erscheint. Betrachtet man die dritte Antwort der Söhne, so ist unbestreitbar, dass das staatsrechtliche Verhältniss zwischen Ludwig und Lothar mit grosser Klarheit und ungemeiner Präcision fixirt wird. Vorzüglich bemerkenswerth ist der Satz: quando me consortem totius imperii celsitudo vestra una cum voluntate populi constituit in omni potestate et honore, in omni conscriptione et nomismate, in omni dispositione, vestro conservato honore et providentia. In recht geschickter Weise ist der Ablativus absolutus am Schlusse angefügt, um den Begriff vollständig zu machen, und die ausdrückliche Betonung des Rechts der conscriptio und des nomisma setzt voraus, dass diesen Brief ein Mann geschrieben hat, der mit politischen Dingen vertraut war. Wie sehr diese klare Auseinandersetzung mit ihrer ruhigen Sicherheit und ihrem treffenden Ausdrucke von der gesuchten und unklaren Schreibweise des Radbert absticht, fällt am meisten in die Augen durch eine Vergleichung mit Cap. 19, wo die politische und staatsrechtliche Stellung des Lothar, wie sie sich nach der Gefangennahme des Kaisers gebildet hatte, bestimmt werden soll. Dass dieser Gedanke und Ausdruck unklar, dort völlig klar und durchsichtig sind, muss Jeder erkennen. Hiernach trage ich kein Bedenken zu behaupten, dass die Briefe nicht von Radbert verfasst sind. Wenn Simson (II, 38 Anm. 2) einwendet, dass sich eine Wort- und Gedankenverbindung aus einem der Briefe genau so einer anderen Stelle der V. Walae wiederfindet, so könnte das, dünkt mich, eher für die Authencität sprechen, denn man ist eher geneigt, einen Anderen zu citiren als sich selber. Wie ist aber Radbert in den Besitz der Briefe gekommen? Als stilistische Eigenthümlichkeit ist hervorzuheben, dass sie mit grossem rhetorischen Schwung geschrieben sind, vorzüglich der letzte (Mon. II, 564, 39 - 46 hoc — hoc — hoc — hoc — — qui — qui — qui — qui). Dazu sind aus den Briefen des Kaisers nur wenige Worte angeführt. Wie wäre es, wenn die ganze Correspondenz in der Form, wie wir sie haben, von den Söhnen veröffentlicht worden ist und die Stelle einer Proclamation oder eines Manifests vertreten hat? Diese Vermuthung würde erklären, weswegen man sich auf die wenigen Worte aus den Briefen des Kaisers beschränkt hat, weswegen der Schluss so rhetorisch wird und wie Radbert im Stande war, den Wortlaut wiederzugeben. Dass die übrigen Schriftsteller von dieser Proclamation Nichts erwähnen, darf uns nicht wundern, denn einen Einfluss auf die endliche Entscheidung wird sie nicht gehabt haben.

Radberts Schilderung von der Sendung des Papstes in das Lager des Kaisers entspricht im Wesentlichen der des Astronomus, nur dass beide einen anderen Standpunkt einnehmen. Auch letzterer berichtet, der Abgesandte der Söhne sei von Ludwig empfangen in decentius quam debuit (Cap. 48) und wenn er dann fortfährt, dass derselbe doch einige Tage geblieben sei, so stimmt dar wieder zu der Andeutung des Radbert: tamen more suo data benedictione, proposuit pro quibus venerat. Also Verhandlungen müssen dennoch stattgefunden haben. Ist dies aber der Fall gewesen, so gewinnt, wenn man von der Uebertreibung absieht, die Nachricht des Thegan (Cap. 42) an Wahrscheinlichkeit, wonach der Papst bei seiner Ankunft vom Kaiser kostbare Geschenke erhalten habe und ihm andere nach seiner Rückkehr zu den Söhnen nachgeschickt wurden. Es war dies eine einfache Höflichkeitsbezeugung, die Ludwig nicht gut versäumen konnte, da er einmal in Unterhandlung getreten war. Man erkennt daraus, dass er noch nicht alle Hoffnung auf eine Aussöhnung aufgegeben hatte. Allein die Verhandlungen wurden, wie man mit Dümmler (I, S. 79 Anm. 47) anzunehmen hat, durch die Ereignisse überholt. Dass Radbert Nichts von den Geschenken weiss, sondern uns erzählt: (Papa) sine effectu, sine honore, et sine fructu tanti laboris regressus est, kann an seiner Unkenntniss liegen, denn es lässt sich denken, dass die Söhne das Entgegenkommen ihres Vaters dem Volke zu verheimlichen suchten.

Cap. 18. Der plötzliche Abfall der Anhänger des Kaisers wird von Radbert als ein Wunder Gottes gepriesen, denn er sei geschehen sine ullius, quantum rescire potui, persuasione aut exhortatione. Ich bin geneigt, dem Radbert aufs Wort zu glauben, d. h. zu glauben, dass er in dem Kreise, in welchem er verkehrte, von Keinem gehört hat, die Truppen des Kaisers wären durch Ueberredung und Versprechungen bewogen worden, zum Lothar überzulaufen. Alle werden die Allmacht und Gerechtigkeit des Herrn gelobt haben, wie der römische Kleriker, der den Gesang anstimmte: Dextera Domini dedit virtutem. Wir erkennen wieder in Radbert den Sophisten, der sich scheut eine volle Unwahrheit zu sagen, der aber auch nicht die ganze Wahrheit sagen will. — Hier hört plötzlich sein Wissen auf, denn nach der Gefangennahme des Kaisers begannen die Verhandlungen, bei denen er sicher nicht zugegen war und von denen er wenig erfahren hat. Bisher hat er berichten können, was er gesehen hat, jetzt aber hört er von Dingen, denen er weder Interesse noch

Verständniss entgegenbringt, weswegen er über sie schnell mit einigen unklaren Zeilen hinweggeht. Denn welches die Stellung des Lothar geworden ist, was die Drohung der omnes zu bedeuten hat, sie würden sich, wenn er sich weigere, die Herrschaft seines Vaters zu übernehmen, einen anderen Beschützer wählen, das hat Radbert schwerlich selbst gewusst. Im Grunde ist es ihm auch gleichgiltig, da man doch nicht auf den Rath des Wala gehört hatte. Dass dies der Fall gewesen war, so viel wenigstens lassen die sonst dunklen Worte erkennen, die derselbe am Schluss des Capitels spricht. Offenbar missbilligt er das Treiben seiner Parteigenossen und es will scheinen, als hätte er seine Gedanken in die halb biblische Form gekleidet, um nicht gezwungen zu sein, dem Radbert seinen verurtheilenden Spruch des Weiteren zu begründen.

Cap. 19 und 20. Gegen die Gewohnheit führt Adeodat in Cap. 19 die Erzählung und Betrachtung weiter und zwar ganz in der Art des Radberts, indem er wie ein Augenzeuge spricht, während wir doch wissen, dass er nicht in der Begleitung des Wala war (V. W. II, 15). Ungewohnt ist auch der Inhalt seiner Rede: er übt eine schonungslose Kritik an der Handlungsweise des Lothar und seiner Partei. Insofern erinnert dies Capitel an V. W. I, 20, wo derselbe Adeodat ebenso unerwartet dem befreundeten Warinus die schwersten Vorwürfe macht. Die in Cap. 19 aufgestellten Behauptungen werden in der Entgegnung des Radbert Cap. 20 nur zum Theil widerlegt, es bleibt viel von dem Tadel hängen. Wir haben uns darum zu fragen, ob und in wie weit Adeodat in Cap. 19 die Gedanken des Radbert ausspricht. — Adeodat führt den Sturz des Lothar auf seine Gottlosigkeit zurück (nec victor dominatum cum Deo tenuit) und auf die Selbstsucht der Grossen. Dazu kam, dass der Hass der Brüder im Verborgenen fortbestand und dass man auf den Rath des Wala nicht hörte. So vermehrte sich die Verwirrung im Reiche, bis der Vater wieder auf den Thron gehoben und der Sohn vertrieben wurde. In Cap. 20 tadelt Radbert die Schilderung des Adeodat und vertheidigt den Lothar durch folgende Sätze: regnum et imperium, quod occiderat, comitante secum Augusto patre sustinuit et servavit; neque in eo quippiam admisit, nisi quod universus senatus coegit et populus, in potestatis privatione et judicio praesulum, qui eum sub poenitentia redegerunt. Als jedoch* die gefrässige Flamme der Zwietracht weiter um sich griff, da erwirkte Wala für den Lothar die Verzeihung des Vaters, so dass er frei fortgehen konnte. Der Gedanke, dass Wala den Frieden und die günstigen Bedingungen vermittelt habe, wird noch zweimal wiederholt. Lothar soll in diesem Capitel von Radbert gerechtfertigt werden, aber die Vorwürfe, die Adeodat der fränkischen Aristokratie gemacht hat, werden bestätigt: tabernacula abundabant praedonum ex utrisque partibus. Hienach leuchtet ein, dass die Worte des Adeodat mehr sind als Einwendungen, die Radbert nur aussprechen liess, um sie sofort in glänzender Weise zu widerlegen.

In Cap. 19 finden wir noch deutlichere Spuren als in Cap. 18, dass Wala, obgleich auf der Seite Lothars stehend, doch sein und seiner Anhänger Vorgehen nicht gebilligt hat. Sicher sind folgende Thatsachen: 1) Man braucht dem Radbert keinen politischen Scharfblick zuzutrauen, aber man kann ihm glauben, wenn er uns als Augenzeuge mittheilt, dass Wala von Tage zu Tage trauriger wurde, weil Niemand mehr auf seinen Rath hörte: (Arsenius) magis magisque contristari coepit, quoniam paene in nullo jam audiebatur, caecorum cupiditate superatus. Man könnte einwenden, dies wären Worte des Adeodat, aber sie gehören zu den nicht widerlegten; denn wir lesen in Cap. 20: jam minus Arsenius suis proficiebat consiliis. 2) Wenn Radbert erzählt, dass Lothar sich mit den Grossen das ganze Reich getheilt habe, totum sibi diviserunt imperium, so ist diese Angabe, wie sie dasteht, ganz unmöglich und bezeugt wiederum, wie vage seine politischen

Vorstellungen waren. Aber gerade die Unklarheit schliesst eine Fälschung aus und dass der Bericht der Hauptsache nach wahr ist, dafür bürgt eine Vergleichung mit Nithard, der neben den Reichannalen den inneren Zusammenhang der Ereignisse am besten wiedergiebt. Bei Nithard (I, 4) lesen wir: Insuper autem dum Huc, Lambertus atque Mathfridus, quis illorum secundus post Lotharium in imperio haberetur, ambigerent, dissidere coeperunt, et quoniam quisque eorum propria quaerebat, rem publicam penitus neglegebant. Lothar wird in seiner unsicheren Stellung gezwungen gewesen sein, seinen Anhängern, um sie nur bei sich festzuhalten, Zugeständnisse zu machen, und diese werden seine Verlegenheit schon benutzt haben, ihn tüchtig auszuplündern. Dass Wala gegen solche erzwungenen oder erschlichenen Vergabungen Einspruch erhob, weil sie die Macht des Herrschers verringerten und den eben errungenen Sieg in Frage stellten, lässt sich begreifen. 3) Die schon erwähnten Worte Walas in Cap. 18 zeigen ebenfalls, dass er mit seinen Parteigenossen unzufrieden war, weil sie, von Leidenschaften verblendet, Nichts von seinem Rathe wissen wollten. Diese drei Thatsachen beweisen unwiderleglich, dass kein volles Einverständniss zwischen Wala einerseits und Lothar und seinen Anhängern andrerseits bestanden hat. Radbert hat dies erkannt und da er überzeugt ist, dass ersterer stets das einzig Richtige gewollt hat, so missbilligt auch er die Politik des Lothar. Damit erklärt sich, wie er, bei dem wir doch eine äusserst geringe politische Begabung annahmen, zu einem so selbstständigen Urtheile gekommen ist. Er ist nun bei der Schilderung dieser Begebenheiten in der grössten Verlegenheit. Wir wissen aus anderen Stellen, dass er gerade keinen Ueberfluss an Muth hatte, und mag seine Furcht begründet gewesen sein oder nicht, genug, er wagte nicht, seine verurtheilenden Worte offen auszusprechen. Darum windet und krümmt er sich so sehr, den Tadel legt er dem Adeodat in den Mund und wälzt damit die

Verantwortlichkeit für denselben auf diesen ab, wogegen er selbst die bitteren Worte durch das Lob versüsst, das er in Cap. 20 dem Lothar spendet. Dass dadurch nur Verwirrung in seinen Bericht kommt, ist ihm gleichgültig; denn er war ja so glücklich, Beiden genuggethan zu haben; er war dem Andenken des Wala gerecht geworden, ohne den Lothar zu beleidigen. Auf diese Weise bekommen die Angaben von Cap. 19, trotzdem sie scheinbar widerlegt werden, wirklich historischen Werth, weil sich in ihnen die Ansicht und das Urtheil des Wala wiederspiegelt. Auch die Sätze von Cap. 20, in denen Radbert den Lothar in Schutz nimmt, sind nicht ganz unwahr, ein Körnchen Wahrheit hat Radbert in seiner gewohnten Weise darin gelassen: er kann sagen: (Lotharius) regnum sustinuit et servavit — in der kurzen Zeit von dessen Alleinherrschaft wurde kein Stück vom Reiche abgerissen; Lothar liess nur zu, wozu ihn die Grossen und das Volk zwangen — gewiss ist mit Zustimmung dieser die Kirchenbusse Ludwigs beschlossen; er ging (834) frei fort — er schloss mit seinem Vater einen Vertrag und wurde nicht in Haft gehalten. Für die Geschichte haben diese Sätze keinen Werth, sie sind nur für den Charakter des Radbert bezeichnend.

Bis zu welchem Punkte Wala mit dem Lothar einig war, ob er auch die Kirchenbusse, die man Ludwig auferlegte, missbilligte, das erfahren wir von Radbert nicht. Ein weitblickender Mann mochte bedenken, dass, abgesehen von der Gehässigkeit der Handlung, eine solche Demüthigung Ludwigs nicht nur das Ansehen dieses, sondern des Kaiserthums überhaupt untergraben musste. Aber gerade deswegen drängten vielleicht die Grossen und möglicherweise enthält der Satz, dass Lothar nur that, quod universus senatus coegit, mehr Wahrheit als Radbert selbst gewusst hat.

Eine Entwicklung von Walas politischen Plänen können wir von Radbert nicht erwarten, weil es ihm dazu an politischer Einsicht fehlte. Er sieht nur das Aeussere der Gegenstände und Handlungen und giebt den Eindruck wieder, den sie auf ihn machen, ohne dass man sicher weiss, ob derselbe auch nur einigermassen der Wirklichkeit entspricht. Wenn er aber immer betont, Wala habe für die Einheit des Reichs und für den Vertrag vom Jahre 817 gekämpft, und wenn er bejammert, dass die Theilung dennoch erfolgt sei, so darf man annehmen, dass er wirklich Schlagwörter der Art gehört hat. Es ist kein Grund, zu zweifeln, dass dieselben von Wala ehrlich gemeint waren, dass wirklich sein ganzes Streben dahinging, das Reich Karls des Grossen als eine Einheit zu bewahren, denn nur so erklärt sich seine enge Verbindung mit dem Lothar (822—825, 833—836), dessen schwacher und zerfahrener Charakter wenig Anziehendes für ihn haben konnte. Aber er hielt zu ihm, weil er in ihm, dem Erstgeborenen Ludwigs, das Princip der Reichseinheit verkörpert sah. Der Erfolg des Jahres 833 war errungen durch einen Bund Lothars mit der Aristokratie und den jüngeren Brüdern. So lange man zu kämpfen hatte, hielt man zusammen, sowie aber der Sieg errungen war, ging Jeder seinen eignen Weg. Es ist wohl begreiflich, dass die Anhänger des alten Kaisers, sobald sie Walas Unwillen über dies Resultat bemerkten, ihn für sich zu gewinnen suchten, zumal sie wussten, dass es ihm in letzter Linie nicht auf die Person, sondern auf das Princip ankam. Darum haben wir keine Veranlassung, an der Richtigkeit des Satzes zu zweifeln: Pater voluit eum (Arsenium), me teste, multum instanter secum tunc cum omni honestate et reverentia summi honoris retinere, etiamsi vellet juramentum a suis fidemque facere, deinde Augustus filius secum abducere. Schon deshalb haben wir dem Radbert zu glauben, weil er als Augenzeuge berichtet und wir ihm bis jetzt noch nicht die wissentliche Erdichtung einer Thatsache haben nachweisen können.

In Cap. 21—24 werden die beiden letzten Lebensjahre des Wala kurz abgemacht. Hier, wo Radbert nicht mehr persönlich Erlebtes erzählen kann, ist er so schlecht unterrichtet, dass er nicht einmal weiss, weswegen Wala nach Italien ging. Cap. 20: erant ostia concupiscentiarum ubique aperta, et conflagrata cupiditas. Idcirco suspendium elegit, de medio eorum ut recederet; Cap. 21 und 23: von dem Hasse der Königin Judith verfolgt, ist Wala wie der heilige Columban über die Alpen geflüchtet; Buch I. Cap. 2: er eilte fort, um endlich einmal Ruhe zu finden. Es wäre eine vergebliche Mühe, alle Gerüchte und Legenden, die uns erzählt werden, auf ihren ursprünglichen historischen Kern zurückführen zu wollen. Dass Wala vor dem Lothar nach Italien ging, muss wohl wahr sein, da es Radbert Cap. 20 als Augenzeuge versichert. Die folgenden Worte sind zum Theil unverständlich: Wala begab sich ins Kloster des heiligen Columban, Bobbio, und liess sich auf die Bitten der Mönche zum Abte wählen, quod sane coenobium ne invaderetur a raptoribus. Es ist zwar wahrscheinlicher, dass Wala seine Würde dem Lothar verdankte, aber möglicherweise haben ihn die Mönche auch noch gewählt. Wer indessen die raptores waren, vor denen er das Kloster durch seine Wahl schützen sollte, können wir nicht errathen. — Grosses Bedenken muss in uns erregen, wenn wir hören, dass der Hass der Judith den Wala nach Italien vertrieben habe. Wie es scheint, kam es doch nur auf ihn an, nach Corbie zurückzukehren; denn 834, so hat uns Radbert selbst berichtet, wollte ihn der Kaiser unter lockenden Bedingungen bei sich behalten. Dazu stimmt, was wir Astronomus 55 lesen: auf dem Reichstage von Diedenhofen 836 erschienen Gesandte des Lothar, inter quos etiam Wala primus adfuit; — imperator cum conjuge reconciliari voluit, primum ipsi Walae dimissis, quaecumque in eos commiserat, delictis multa alacritate et benignitate cordis. Wir haben hier also einen zweiten Versuch den Wala zu gewinnen und um so mehr müssen wir Radberts Angabe über den Hass der Judith verwerfen. Da er von dem Reichstage von Diedenhofen schweigt und er Nichts von der Aussöhnung mit der Kaiserin weiss, ist vielleicht der Schluss erlaubt, dass er den Wala nach 834 nicht mehr gesehen hat. Ist dies richtig, müsste man glauben, dass dieser seine Zuneigung nicht in gleicher Weise erwidert hat und dass ihr Verhältniss zu einander kein so intimes gewesen ist, wie es den Anschein hat.

Freilich eine genauere Kenntniss dessen, was zwischen Wala und dem Hofe 834—836 verhandelt wurde, scheint aus Cap. 23 zu sprechen: Wala sorgte für den Lothar während der Krankheit, an der beide litten, mehr als für sich und ermahnte ihn, ne forte quod nuper patri promiserat, obmitteret occasione accepta, quia ipse febribus vexabatur. Radbert kann aber diese Worte gehört und gedankenlos nachgesprochen haben, ohne den Zusammenhang zu kennen; denn über Walas Tod hat er wieder ausführlichere, freilich legendenhafte Nachrichten. Wichtig ist von ihnen nur die eine in Cap. 22: nosque quia dies sepulturae ejus nescivimus, vel diem anniversarium, dum vita nobis manet, commemoremur. Quae profecto dies futurae quietis est nostra in mente repraesentatio, in qua vivit qui mortuus putatur. Aus dem Zusammenhange ergiebt sich, dass der Tag des Begräbnisses mit dem Todestage des Wala identificirt ist. Wenn die Mönche von Corbie den letzteren wissen und feiern und wir in einem aus dem 9. Jahrhundert stammenden Index pastuum von Corbie die Angabe finden [1]: Pridie kal. Septemb. obiit Wala abbas, so dürfen wir trotz entgegenstehender Zeugnisse als sicher hinstellen, dass er am 31. August 836 gestorben ist.

Im Uebrigen nehmen die Cap. 21—24 durchaus einen erbaulichen Charakter an und es kann der letzte Eindruck des Lesers nicht der sein, dass das Frankenreich einen

---

[1] Mabillon, Acta S.S. Saec. IV a. S. 455.

grossen Staatsmann verloren habe, sondern dass der Kirche ein neuer Heiliger erstanden sei.

Charakteristik und Werth der V. Walae.

Halten wir die beiden Bücher der V. Walae nebeneinander, so bemerken wir sogleich, dass ihr Charakter ein verschiedener ist. Man könnte sagen, dass sich Radbert bei der Vertheidigung des Wala im ersten Buche auf die Defensive beschränkt, im zweiten aber die Angriffe der Gegner durch Offensivstösse zurückweist. Dem entsprechend werden im zweiten Buche die politischen Begebenheiten mehr berücksichtigt, bei denen Wala betheiligt war, das Urtheil des Radbert wird schärfer und bitterer, es wird weniger Gewicht auf eine künstlerische Durchführung der dialogischen Form und auf die Charakterschilderung der redenden Personen gelegt und es tritt die Absicht, die Leser zu erbauen, nicht mit derselben Stärke hervor, wie im ersten Buche.

Dennoch ist der Unterschied nur ein gradueller. Wir erwarteten nach Radberts Ankündigung am Beginne des zweiten Buches, dass er, der dem Wala so nahe stand, nun dessen politische Thätigkeit auch unter politischen Gesichtspunkten betrachten würde, allein wir hatten uns getäuscht. Wala ist derselbe geblieben, er ist der Mönch, der Heilige, der nach der Schilderung des Radbert nicht durch Rücksichten politischer Zweckmässigkeit, sondern allein durch moralische Motive bewogen wird, so in die Händel seiner Zeit einzugreifen, wie er es thut. Darum will weder das erste noch das zweite Buch beweisen, dass er ein grosser Staatsmann gewesen ist, sondern nur, dass, so nahe auch die Versuchung an ihn herantrat, er sich doch stets sittlich rein gehalten hat. Dass ein solcher Mann auch am besten wissen müsse, was dem Staate fromme, ist für Radbert selbstverständlich. Daher berichtet er durchaus nicht die historischen Fakta um ihrer selbst willen, Nichts liegt ihm ferner als eine politische Geschichte seiner Zeit zu schreiben mit besonderer Rücksicht auf das Wirken und Streben des Wala. Er ist dem Principe des ersten Buchs treu geblieben, nur die Ereignisse anzuführen, die in unmittelbarer Beziehung zu Wala stehen, so dass dieser stets der Mittelpunkt seiner Darstellung ist. Aber noch besser als hiedurch documentirt sich sein geringes Verständniss für Geschichte und Politik durch die Art und Weise, wie er von den Ereignissen spricht: ist es schon selten, dass er die Vorgänge, denen er als Augenzeuge beiwohnte und deren Wirkung klar vor Aller Augen lag, richtig auffasst und anschaulich wiedergiebt, so sind seine Vorstellungen über Dinge, die etwas seitab liegen, völlig verworren und widerspruchsvoll. Allein das Auffallendste ist vielleicht, dass er eine lange Reihe historischer Fakta mit Schweigen übergeht, die nicht nur für die Regierung Ludwigs des Frommen, sondern auch für das Schicksal des Wala von der grössten Bedeutung gewesen sind, dass er im Grunde von dessen Leben und überhaupt von der Geschichte seiner Zeit nur so viel weiss, als er aus eigner Anschauung kennt. Zwar sucht er zu schildern, welche Stellung Wala vor seinem Eintritt ins Kloster am Hofe Karls des Grossen inne gehabt hat, aber es geschieht in so unklarer Weise, dass seine Angaben für uns nur geringen Werth haben. Den Reichstag von Achen 817, dessen Beschlüsse eine so grosse Rolle in Walas Leben spielen sollten, erwähnt er mit keinem Worte und ebensowenig weiss er von dem Reichstage zu Attigny 822. Dagegen erzählt er mit grosser Ausführlichkeit von der Gründung von Corvey und von der Thätigkeit des Wala als Mönch und als Abt. Da er denselben 822 auf der Reise nach Italien nicht begleitete, so legt er den betreffenden Bericht dem Chremes in den Mund. Den wichtigen Reichstag von Ingelheim 826 übergeht er. Dafür ist er 830 und 833 gut unterrichtet, weil er Augenzeuge war, wogegen er von den Vorgängen der Jahre 831 und 832, besonders von den Empörungen Ludwigs und Pippins 832 Nichts weiss, und sowie Wala 834 über die Alpen gegangen ist, hören die Nachrichten über ihn völlig auf. Hienach kann es nicht zweifelhaft sein, dass Radbert im Grossen und Ganzen nur die historischen Fakta in die V. Walae aufgenommen hat, bei denen er selbst zugegen war. Diese Manier spricht einerseits zu seinen Gunsten, für seine Wahrheitsliebe, weil sie eine gewisse Naivität voraussetzt, andrerseits lässt sie aber auch mit möglichster Schärfe seinen völligen Mangel an historischem Verständniss hervortreten.

Besonders schwierig wird das Urtheil über den Werth der V. Walae dadurch, dass Radbert nicht immer streng bei der Wahrheit bleibt, vielmehr öfter durch Sophismen den Ruhm des Wala zu erhöhen und seine und seiner Anhänger Handlungsweise zu rechtfertigen sucht. V. W. I, 13 vindicirt er dem Wala Verdienste um die Gründung von Corvey, die, wie er wohl weiss, derselbe nicht beanspruchen kann; ebenso sagt er II, 18 von dem Abfalle auf dem Lügenfelde, er habe nicht gehört (trotzdem er Augenzeuge gewesen ist), dass die Söhne das Heer des Vaters durch Ueberredung zu sich herübergezogen hätten. Alle diese Stellen haben das gemeinsam, dass sie niemals ganz unwahr sind, sondern nur die Begebenheiten in ein dem Wala und seiner Partei günstiges Licht rücken. Aber darum nicht minder haben wir in ihnen Fälschungen zu sehen, weil Radbert mit Bewusstsein einen unrichtigen Eindruck hervorbringen will. Glücklicherweise ist er indessen nicht so weit gegangen, völlig neue Thatsachen zu erfinden.

Aber so viel auch von weltgeschichtlichen Ereignissen geredet wird, so ist doch auch das zweite Buch der V. Walae streng genommen weder eine politische noch historische Schrift. Die Absicht, die Leser zu erbauen, offenbart sich zwar nicht so deutlich wie im ersten Buche, ist aber keineswegs aufgegeben. Radbert rühmt mit warmen Worten die Tugenden des Wala und spricht stets von ihm mit einer liebevollen Verehrung, die sich manchmal zu wahrhafter Begeisterung steigert. Er vergleicht ihn gern mit Jeremias, der ebenfalls seinem Volke das drohende Verderben vorausgesagt und es zur Busse aufgefordert hatte, der aber auch nicht gehört worden war. Das Andenken eines mit Unrecht viel Gescholtenen und viel Verfolgten will Radbert rein halten und indem er das Bild eines Mannes zeichnet, der immer den Geboten Gottes getreu, Allen als Muster dienen kann, will er das Herz seiner Leser rühren und erheben. Dazu vergleiche man Buch II, Einleitung: non enim philosophum ad lamentum rite quaerimus, sed eorum aliquem, cujus aut memoria piae recordationis, aut affectu ad lacrimas incitemur, ferner II, 10—13 und hauptsächlich II, 21—24. Der letzte Eindruck, den der Leser mitnimmt, ist das Gefühl der Genugthuung, dass ein so frommer Mann wie Wala ein so schönes Ende gefunden hat und in die himmlische Herrlichkeit eingegangen ist.

So einfach wird demnach die Formel nicht sein, die wir für den Charakter des Radbert finden wollten.

Die Ueberreste des römischen Alterthums, die in der Karolingischen Zeit eine neue Kultur befördern halfen, haben auch auf Radbert gewirkt, aber auch bei ihm blieb ihre Einwirkung eine äusserliche und drang nicht bis zum Herzen. Er war ein Virgil und Horaz, vorzüglich aber im Terenz gut belesen, wie die vielen Citate aus dem ersten Buche der V. Walae zeigen, er kannte und schätzte den Cicero, aber weder dieser noch irgend ein römischer Historiker, wenn er je einen in die Hand bekam, haben einen bestimmenden Einfluss auf seine Darstellung ausgeübt. Was ihm das Alterthum gab, war nur formale Bildung oder besser das Streben nach derselben: Composition und Stil sind bei ihm gleich weit von antiker Klarheit und Einfachheit entfernt, doch ist er bemüht, in gewählten Worten zu reden und kunstvolle Perioden zu bilden, was ihm freilich oft genug missglückt. Sein Herz war ganz von den religiösen Gefühlen seiner Zeit erfüllt, er war ein Mönch und das grösste Lob, das er dem Wala gespendet hat, ist: erat enim monachus. Diese Richtung seines Geistes verbunden mit der Kenntniss der formalen Bildung des Alterthums machten aus ihm einen Theologen. Da er von diesem theologischen Standpunkte aus die ganze Welt betrachtete, begreift man seine geringe Einsicht in politische Verhältnisse. Für ihn gab es auch im Staate nur zwei Parteien, die sich nach den sittlichen Begriffen von Gut und Böse sonderten, und deshalb fragt er in seiner Darstellung in erster Linie nicht, was dieser oder jener gethan, sondern ob er nach den Geboten Gottes gehandelt hat oder nicht.

Aber trotz dieser religiös-kirchlichen Gesinnung war Radbert durchaus nicht unempfindlich gegen weltliche Ehren. Er rühmt sich häufig und gern seines Verkehrs mit vornehmen Männern und spricht mit Wohlgefallen von dem, was er geleistet hat. Nach seiner Schilderung sollte man meinen, dass die Mönche von Corbie niemals den Wala zum Abte erhalten hätten, wenn er nicht durch seine Schlagfertigkeit und seine geschickten Verhandlungen die Bestätigung des Kaisers erwirkt hätte. Bei Hofe wird man seine schwache Seite gekannt und ihn 831, als man ihn zu dem verbannten Wala schicken wollte, bei seiner Eitelkeit gepackt haben. Man hat ihm wohl vorgestellt, wie ehrenvoll sein Auftrag sei und wie es ihm ein ewiger Ruhm sein würde, den Wala mit dem Kaiser ausgesöhnt zu haben. Solcher Lockung konnte er nicht widerstehen. Was sein Verhältniss zu Wala anlangt, so ist dasselbe unleugbar ein sehr nahes gewesen, sie werden sich Freund genannt haben, aber ein Herz und eine Seele, wie er uns einreden möchte, waren sie doch nicht. Wenn er 822 bei der Gründung von Corvey dem Wala nicht von der Seite wich, so ist es auffallend, dass nicht er ihn in demselben Jahre nach Italien begleitete, sondern ein anderer Mönch von Corbie. 831 zweifelte er, ob Wala allein das Gute und Richtige thäte, 834 konnte sich dieser trotz seiner Freundschaft von ihm trennen und traf wahrscheinlich mit ihm auch nicht 836 zusammen, als er den Reichstag von Diedenhofen besuchte. Wala, nachdem er einmal erkannt hatte, wie Radbert zwischen den Parteien hin und her schwankte, wird sich gehütet haben, sich ihm völlig anzuvertrauen, dieser dagegen gefiel sich darin, sein Verhältniss zu dem Verwandten des Kaiserhauses als ein recht intimes hinzustellen. In dieser Uebertreibung haben wir ein Seitenstück zu den Sophismen, die wir ihm öfter nachgewiesen haben.

Wir sehen also in Radbert einen Mann, der schwach in seinem Wollen, von grosser Eitelkeit und ohne politische Einsicht war. Die wichtigste Frage haben wir aber noch zu beantworten, nämlich die, wie es mit seiner Wahrheitsliebe steht, ob er wirklich in Wala nur einen Geistlichen gesehen und nicht bemerkt hat, das derselbe Führer einer Partei war, die sich nicht blos der Angriffe des Hofes zu erwehren suchte, sondern auch fernliegende politische Ziele verfolgte. Gegen Radberts Aufrichtigkeit spricht die unbestreitbare Thatsache, dass er in sophistischer Weise den Wala vertheidigt und ihm gegen sein besseres Wissen Verdienste zuschreibt, die demselben nicht gebühren. Er hat ihn also anders geschildert, als er nach seiner Ueberzeugung gewesen ist. Dürfen wir aber daraus schliessen, dass er sich der politischen Bedeutung des Wala vollkommen bewusst war, es aber vorzog, ihn als einen Heiligen hinzustellen? Ist dies der Fall gewesen, dann ist die V. Walae, die so deutlich die vielen Charakterschwächen des Verfassers verräth und an tausend Widersprüchen leidet, sicherlich ein Meisterwerk. Aber eine derartige systematische Fälschung, die man nur durch die strengste Concentration aller geistigen Kräfte und mit der genauesten Kenntniss aller Verhältnisse zu Stande bringen kann, darf man von einem so schlaffen Charakter wie Radbert nicht erwarten und obendrein darf man ihm bei seiner Eitelkeit nicht zutrauen, dass, wenn er einen Einblick in die politischen Verhältnisse gehabt hätte, er sich so dumm gestellt hätte. Auch spricht für ihn seine Verehrung für den Wala, die durchaus den Eindruck eines wahren Gefühls macht. Unzweifelhaft hat uns Radbert den Wala der Hauptsache nach so geschildert, wie er in seiner Erinnerung fortlebte, da er ihn aber zugleich gegen so viele Angriffe zu vertheidigen hat, geht er in seiner Verherrlichung oft zu weit und macht ihn noch um einige Zoll grösser als sogar er ihn gesehen hat. Mit der lebhaftesten Ueberzeugung verbindet sich nur zu leicht eine spitzfindige Sophistik, hauptsächlich wenn einem Freunde von uns, von dem wir viel halten, etwas Schlechtes nachgesagt wird. Durch den Tadel gereizt, wissen wir mehr an ihm zu rühmen, als wir vor unserm Gewissen verantworten können. So ist es auch Radbert ergangen.

Vielleicht fragt man sich aber, wie denn er, der sich Jahre lang eines täglichen Verkehrs mit dem Wala erfreute, zu einer solchen Verkennung von dessen ganzem Wirken und Streben kommen konnte. Die Antwort ist nicht schwer zu finden. Wie wir zeigten, standen sie sich nicht so nahe, wie man zuerst anzunehmen geneigt ist. Wala hat den Radbert schwerlich in seine politischen Pläne eingeweiht und wenn er überhaupt mit ihm über politische Dinge gesprochen hat, wird es in den dunklen Ausdrücken geschehen sein, die wir aus II, 18 kennen. Ferner bedenke man, wie es noch immer ehrgeizige Priester gemacht haben, wenn sie sich in weltliche Dinge einmischten. Sie verstanden sich viel zu gut auf den Vortheil, den ihnen ihr geistliches Gewand gab, als dass sie es ohne Noth ablegten, und stellten sich darum stets so, als gebiete ihnen Religion und Sittlichkeit, so zu handeln, wie sie es thäten. Dass es Wala nicht anders gemacht hat, ergiebt sich aus vielen Stellen des zweiten Buchs; wir hören, dass, obgleich er die Fäden der Verschwörung von 830 in seiner Hand gehabt hat, er sich doch nur macrens ac dolens zu einer offnen Erklärung entschliessen konnte (II, 9); die Antwort, die er dem Radbert gab, als ihm derselbe rieth, um Begnadigung beim Kaiser einzukommen (II, 10), ebenso die, welche er 833 oder 834 den Grossen gab (II, 19), sowie seine Worte in II, 18 sind durchaus im geistlichen Tone gehalten. Man könnte zwar sagen, dass es Radbert sei, der die Form überliefert habe, und dass man daraus nicht auf die Ausdrucksweise des Wala schliessen dürfe. Da wir aber in der V. Walae keine systematische Fälschung sehen können, so hat dieser Einwand zunächst wenig Wahrscheinlichkeit, er wird aber widerlegt durch den Hinweis auf die grosse Rede, die Wala auf dem Reichstage 828 hielt und die wir authentisch in II, 2 und 3 haben. Auch hier verstecken sich hinter den salbungsvollen Worten tiefere politische Pläne.

So hat Radbert wohl zu täuschen gesucht, er war aber noch viel mehr der Getäuschte. Es war ihm wirklich Ernst mit seiner Arbeit, es kränkte ihn zu hören, wie man das Andenken des Wala verunglimpfte, von dessen sittlicher und religiöser Grösse er durchdrungen war, und wenigstens seine nächsten Freunde sollten wissen, was für ein Mann derselbe gewesen war, damit sie ihr Gemüth in der Erinnerung an ihn erhöben und einen Trost für den schweren Verlust in der Gewissheit hätten, dass er sich in der verderbten Gegenwart schuldlos und rein erhalten habe. Zugleich aber wollte Radbert sich selbst ein Denkmal setzen, indem er seine Beziehungen zu dem grossen Manne stets in den Vordergrund drängte und sich dadurch als denjenigen hinstellte, der einzig berufen wäre, sein Biograph zu werden. So begann er das erste Buch der V. Walae. Er schrieb nicht für das grosse Publikum, weil er die Rache von Walas Gegnern fürchtete, denn wenn er auch von der Wahrheit seiner Darstellung überzeugt war, so war er doch nicht geneigt, für die gute Sache zum Märtyrer zu werden. Darum hüllt er sich in ein geheimnissvolles Dunkel, er verändert die Namen und vermeidet es, auf politische Verhältnisse einzugehen. Auch wagt er es nicht, einzelne Personen als Gegner des Wala zu bezeichnen. Da er sich so durchzuwinden hatte und schon, ohne es zu wollen, auf einen Parteistandpunkt gedrängt wurde, kommt es uns fast natürlich vor, dass er sich in eine stets grössere Bewunderung für seinen Freund hineinredete und in seiner Darstellung sich nicht vor Spitzfindigkeiten scheute, um das Verdienst desselben heller leuchten zu lassen. Seine Arbeit wurde unterbrochen, vielleicht durch die Unruhen, die unmittelbar nach dem Tode Ludwigs des Frommen entstanden. Als er nach 851 das zweite Buch zu schreiben anfing, hatte sich Vieles verändert. Das Furchtbare, das Wala immer hatte verhindern wollen, die Theilung des Reichs war eingetreten, die Bande der staatlichen Ordnung hatten sich fast überall gelöst und das kirchliche Leben lag matt danieder. Radbert sah in Wala einen Propheten, der alles Unglück, das aus der Theilung entspringen würde, vorausgesagt, der die Mittel zur Heilung der Schäden genannt, den man aber nicht gehört, sondern verbannt und verstossen hatte. Dazu war er selbst alt und verbittert geworden. Es geht durch das zweite Buch ein herber Zug, in rücksichtsloser Weise spricht er seinen Tadel aus auch gegen einzelne Persönlichkeiten und seine Schmähungen überschreiten häufig das Mass alles Anstandes. Alle seine Schwächen finden sich hier im höheren Grade wieder. So haben sich in Radbert die höchsten und die niedrigsten Triebe der menschlichen Seele vereinigt, um jenes wunderliche Gemisch von fester Ueberzeugung und Spitzfindigkeit, von ängstlicher Rücksichtnahme und masslosen Angriffen, von demüthiger Selbstverleugnung und anspruchsvoller Eitelkeit hervorzubringen, wie wir es in **der V. Walae** finden.

Welche Schlüsse dürfen wir hieraus auf die Glaubwürdigkeit der V. Walae als historische Quelle ziehen? Radbert hat sich manchmal wissentlich unrichtiger Motivirungen bedient, er hat wissentlich manche Ereignisse in ein unrichtiges Licht gestellt und sich Uebertreibungen zu Schulden kommen lassen, doch haben wir ihm nicht nachweisen können, dass er neue Thatsachen erfunden hat. Ohne Interesse und ohne Verständniss für politische Dinge bleibt sein Blick an der Oberfläche haften und da die äussere Erscheinung nicht immer dem Wesen eines Dinges entspricht, so können wir nie sicher sein, ob er die Bedeutung eines historischen Faktums auch nur einigermassen richtig zu würdigen weiss. Ein besonderes Glück können wir es aber nennen, dass er bei fast allen Begebenheiten, die er uns erzählt, als Augenzeuge zugegen war. Deshalb müssen wir seiner Glaubwürdigkeit recht enge Grenzen ziehen; unbedingt sicher und unanfechtbar ist nur das Ereigniss, dem er selbst beigewohnt hat, aber eben nur das Ereigniss als solches, wir müssen absehen von aller Motivirung und allem Zusammenhange, überhaupt von der ganzen Auffassung. Diese werden wir darum nicht ohne Weiteres als werthlos wegwerfen, denn möglicherweise kann sie zutreffend sein, es können geschichtliche Ereignisse so hervortreten, dass auch ein Blinder ihre Bedeutung erkennt. Z. B. II, 19 führt Radbert richtig aus, weswegen sich Lothars Herrschaft 834 nicht halten konnte, von II, 8 dagegen können wir Nichts als die nackten Thatsachen gebrauchen. In Bezug auf den Werth der Angaben, für welche er kein Augenzeuge ist, lässt sich ein allgemeiner Satz nicht aufstellen. Wir müssen vorsichtig sein, weil seine Darstellung aus Mangel an Interesse eine nachlässige oder aus Mangel an Verständniss eine schiefe geworden sein kann. Aber immerhin haben auch diese Angaben einen gewissen Werth; denn weil wir in der V, Walae keine systematische Fälschung sehen können, ist auch nicht zu glauben, dass Radbert Thatsachen berichtet hat, von denen er niemals Etwas gehört hat.

Himly (S. 12) meint, dass man in der V. Walae die Auffassung der Aristokraten zu sehen habe oder die Auffassung, welche dieselbe zu verbreiten strebte. Nach unsern bisherigen Ausführungen kann das nicht richtig sein; denn Radbert war nicht der Kopf, das Programm einer politischen Partei völlig in sich aufzunehmen und zu einem Pamphlet oder zu einer Rechtfertigungsschrift zu verarbeiten. Freilich ist er von Wala und seinen Parteigenossen stark in seinen Anschauungen und in seinem Urtheile beeinflusst worden, aber er betrachtete im Grunde die Politik stets unter religiösen Gesichtspunkten.

Allein wenn auch nur eine kleine Anzahl von den Ereignissen, welche Radbert erzählt, eine unbedingte Glaubwürdigkeit verdienen, so enthält doch die V. Walae eine Fülle von historischem Material, nur dürfen wir in ihr nicht eine historische oder politische Schrift sehen und ihr Urtheil nicht zu dem unsrigen machen. Radbert war nicht politisch begabt, aber er verkehrte in den höchsten Kreisen der fränkischen Gesellschaft und war als Augenzeuge bei den verhängnissvollsten Momenten der Regierung Ludwigs des Frommen zugegen. Ohne dass wir seine Auffassung theilen, ist es doch von grossem Interesse für uns zu sehen, welchen Eindruck die Begebenheiten auf einen Geist wie Radbert gemacht haben, und wir erfahren dazu aus der V. Walae bei ihrem gleichsam privaten Charakter eine Reihe von kleinen Zügen, die für die Zeit höchst bezeichnend sind.

Resultate.

Wir haben den Charakter des Radbert geschildert, seine Stellung zu den Begebenheiten bezeichnet und daraus die Glaubwürdigkeit und den Werth der V. Walae bestimmt. Es kann natürlich nicht unsre Aufgabe sein, mit Hülfe dieser Resultate jedes einzelne Faktum, jede Andeutung, überhaupt Alles, was von historischem Material in der V. Walae vorhanden ist, richtig zu stellen. Wir wollen uns auf die Hauptsache beschränken und zwar in der Art, dass wir nur die Angaben, welche für Wala unmittelbar wichtig sind, heranziehen und sie mit den Nachrichten, die wir in den anderen Quellen über ihn finden, zu einer Biographie verschmelzen. Für die allgemeinen Zeitverhältnisse vergleiche man die Jahrbücher von Simson, zu dessen treffender Darstellung wir eine Ergänzung liefern möchten.

Walas Vater war Bernhard, ein Bastard Karl Martells; seine Mutter eine Sächsin, deren Name nicht bekannt ist und von der man auch nicht weiss, ob sie mit dem Bernhard in einer Ehe gelebt hat. Das Geburtsjahr des Wala wird uns nicht genannt, doch sind wir im Stande, es durch Combination verschiedener Nachrichten annähernd zu berechnen. Bernhard starb 787 (Ann. Mosellani 787). Der Name des Wala wird zuerst 802 erwähnt, wo ihm eine ostfälische Geisel zur Bewachung übergeben wurde (Mon. G. L. I, S. 90). Er ist der zweitletzte in der Reihe der aufgeführten Grossen und hat noch keinen Titel. Die folgenden Jahre hören wir Nichts von ihm, aber von 811 an finden wir ihn als Grafen in wichtigen politischen Angelegenheiten thätig. Er wird damals noch nicht alt gewesen sein; denn wenn Karl der Grosse sein Talent einmal erkannt hatte, so hat er es ihm, seinem Verwandten, sicherlich nicht an Gelegenheit fehlen lassen, dasselbe zur Geltung zu bringen. Als Wala 836 starb, hatte er das Greisenalter noch nicht erreicht. Wenn Radbert das letzte Mal, da er ihn sah, den Eindruck eines Greises erhalten hätte, so würde er ihn auch als solchen geschildert haben. Gewiss hätte er sich nicht entgehen lassen, darauf hinzuweisen, wie für ihn, den gebrechlichen alten Mann, die

Entbehrungen der Verbannung 831 und die Anstrengungen des Lagerlebens 833 doppelt schwer zu tragen gewesen wären und wie man deswegen doppelt seine aufopfernde Selbstlosigkeit rühmen müsste. Aber derartige Andeutungen finden wir nirgends, nirgends wird er senex genannt, wohl einzeln pater, doch geht dies Wort nicht auf sein Alter sondern auf seine Würde als Abt. Danach ist Wala sicher nicht 70 Jahre alt geworden. Was nun das Altersverhältniss zwischen ihm und seinem Bruder Adalhard betrifft, der 752 geboren wurde, so finden wir V. W. I, 12 zum Jahre 822 folgende Nebeneinanderstellung: unus aetate senior — alter admodum juvenis; pater — discipulus monasticae disciplinae, carissimus filius. Zwar soll man im Allgemeinen die Worte des Radbert nicht auf die Wagschale legen, aber über das Alter des Wala konnte er sich nicht leicht täuschen und an einer absichtlichen Entstellung hatte er in diesem Falle kein Interesse, durfte eine solche auch nicht wagen. Wir wollen nun auch gern zugeben, dass er etwas übertrieben hat, um einen besseren rhetorischen Gegensatz zu erhalten, und dass, wenn er neben dem 70jährigen Adalhard den Wala admodum juvenis und filius nennt, derselbe über 40 Jahre alt gewesen sein wird, aber über 50 lässt sich kaum denken. Deshalb irren wir wohl nicht, wenn wir sein Geburtsjahr ungefähr in die Zeit setzen, da Karl seine ersten Sachsenzüge machte, vielleicht zwischen 772 und 780.

Als Vetter Karls des Grossen und als Bruder des gelehrten Adalhard wird Wala eine gute Erziehung genossen haben, er hat lesen und schreiben und sich im Lateinischen und vielleicht auch im Griechischen gewandt und richtig ausdrücken können. Was uns Radbert sonst von seiner Jugend erzählt, ist so sagenhaft, dass wir es nicht gebrauchen können. In den Reichsannalen wird Wala zuerst 811 erwähnt: er war einer der Grafen, die den Frieden mit den Dänen abschlossen und zwar wird sein Name als erster genannt. In demselben Jahre unterzeichnete er das Testament Karls des Grossen und wiederum nimmt er die erste Stelle unter den Grafen ein (V. Caroli cap. 33). 812 schickte ihn der alte Kaiser mit seinem Enkel Bernhard nach Italien und befahl ihm, so lange bei demselben zu bleiben, bis die Gefahr, die von einer saracenischen Flotte drohte, vorüber sei (Ann. Einh. 812). Danach hat es nicht den Anschein, als habe Wala seine hohe Stellung allein der Verwandtschaft mit dem Kaiserhause zu verdanken, denn sicherlich hätte ihm Karl eine so verantwortliche Mission nicht übertragen, wenn er nicht das nöthige Vertrauen zu seinen Kräften gehabt hätte. Besonders viel scheint er von seinen militärischen Fähigkeiten erwartet zu haben, denn es kann kein Zufall sein, dass sein Name die beiden Male, wo wir ihn in den Reichsannalen vor 814 finden, 811 und 812, in Verbindung mit kriegerischen Ereignissen genannt wird. Auch Radbert wiederholt in seinem ersten Buche stets, dass Wala sich grossen Ruhm mit den Waffen erworben habe, um schliesslich zur Ehre Gottes Mönch zu werden.

Was nun genauer die Stellung anlangt, die er unter Karl dem Grossen einnahm, so sind die Angaben darüber nicht ganz klar (vergl. S. 14). Wenn ihn Radbert einen oeconomus totius domus nennt, so ist mir bei seinen verworrenen politischen Vorstellungen nicht wahrscheinlich, dass er dabei, wie Waitz meint, an den major domus der Merowinger gedacht hat. Das daneben stehende venerabatur passim secundus a Caesare scheint mir eher zufällig an diese Stelle gerathen als mit Bewusstsein zu einer Erläuterung des vorhergehenden Ausdrucks bestimmt zu sein. Auch war Wala jedenfalls kein Herzog von Sachsen, wie man vielleicht aus V. Walae I, 6 ducatum gerens schliessen könnte; denn eine solche Würde gab es damals nicht und dass er unter einem anderen Titel die Verwaltung von ganz Sachsen unter sich gehabt hat, wie Transl. S. Viti 7 berichtet wird, ist auch nicht denkbar. Unsre beste Quelle bezeichnet ihn nur als Grafen und unter diesem

Titel wird er als Verwaltungsbeamter und als Missus fungirt haben. Dazu würde stimmen, dass Radbert seine Gerechtigkeitsliebe so sehr rühmt und gern darauf hinweist, wie er den Bedrängten beigestanden und die Schuldigen durch seine Gegenwart geschreckt habe; denn diesen Ausführungen muss die Thatsache zu Grunde liegen, dass er oft bei Gerichtsverhandlungen zu präsidiren oder überhaupt mitzuwirken hatte. Die Grafschaft, der er vorgesetzt war, lag vielleicht in Sachsen; denn das wenigstens lassen die Transl. S. Viti und die V. Walae deutlich erkennen, dass er schon vor 814 Beziehungen zu den Sachsen gehabt hat. Es wäre gewiss klug von Karl dem Grossen gewesen, wenn er ihnen einen Grafen gegeben hätte, der mütterlicherseits aus ihrem Blute stammte und doch fest an das Interesse seines Hauses gekettet war. Nehmen wir zu dem bisher Gesagten die Angabe des Astronomus (21), eines politischen Gegners des Wala, derselbe habe unter Karl dem Grossen die höchsten Würden bekleidet, so erhält man ein ganz anderes Bild von seinem Charakter und seinen Bestrebungen, als uns Radbert in der V. Walae entrollt. So dürftig unsre Nachrichten auch sind, so tritt doch klar und deutlich zu Tage, dass Karl der Grosse in Wala ein militärisches und politisches Talent sah, das er gern in Staatsgeschäften verwendete.

Mit Ludwigs des Frommen Thronbesteigung begann eine neue Periode in Walas Leben. Ueber sein erstes Zusammentreffen mit dem jungen Kaiser giebt uns der Astronomus (cap. 21) einen sonderbaren Bericht. Ludwig zog von Aquitanien nach Achen mit einer starken Bedeckung; denn er fürchtete sehr, dass Wala Etwas gegen ihn im Schilde führe. Dieser erschien aber sehr bald vor ihm, huldigte ihm und leistete den Treueid. Seinem Beispiele folgten alle fränkischen Grossen und eilten dem neuen Herrscher schaarenweise entgegen. Diese Sätze haben Himly zu weitgehenden Hypothesen veranlasst, die sich darin gipfeln, dass Wala beabsichtigt habe, den jungen

Bernhard, den Sohn des verstorbenen Pippin, auf den fränkischen Thron zu heben. Nach der Darstellung des Astronomus muss allerdings Wala geheime Pläne gehabt haben und es mag wohl sein, dass ihm ein anderer Herrscher lieber gewesen wäre als Ludwig der Fromme, aber Bernhards Name wird auch nicht in einer einzigen Quelle genannt. Zudem wäre es ein verwegenes Beginnen gewesen, sich gegen den gekrönten Kaiser, der mit Zustimmung der Grossen zum Nachfolger proclamirt war, aufzulehnen. Mir scheint die ganze Stelle nicht glaubwürdig, es hat der Astronomus aus der späteren Feindschaft des Wala geschlossen, dass dieselbe schon von Anfang an vorhanden gewesen sei. Wenn Ludwig gegen Wala wirklich so argwöhnisch gewesen wäre, so hätte er ihn nicht vertrauensvoll nach Achen geschickt mit dem Auftrage, bis zu seiner Ankunft gewisse Personen festzuhalten (Astronomus 21). Funk (S. 47) und Himly meinen zwar, er habe ihn durch Aufladung eines Schergendienstes kränken wollen, aber wenn man Jemanden fürchtet, so reizt man ihn nicht und giebt ihm nicht zugleich die Möglichkeit sich furchtbar zu machen. Es hätte ja Wala in Achen die beste Gelegenheit gehabt, sich mit den Feinden des Kaisers zu verbinden. — Weswegen er dennoch verbannt ins Kloster Corbie eintrat, wissen wir nicht. Es scheint jedoch nicht, als hätten politische Verhältnisse direkt seinen Sturz herbeigeführt, denn nicht nur er und Adalhard, sondern auch ihre Geschwister bis auf die jüngste, Theodrada, wurden von der Ungnade des Kaisers betroffen. Auch fand kein völliger Systemwechsel statt, wenn auch einige Hofämter neu besetzt wurden, wobei natürlich die bevorzugt wurden, die schon in Aquitanien die Regierung in der Hand gehabt hatten. Dass diesen Männer wie Adalhard und Wala ein Dorn im Auge waren, ist begreiflich, wie sie aber Ludwig zu jener harten Massregel bestimmt haben, bleibt dunkel.

Unzweifelhaft wurde Wala unter einem äusseren Zwange

Mönch. Freilich ist nicht unmöglich, dass er wirklich irgend einmal ein Gelübde abgelegt hat oder dass er von einem augenblicklichen religiösen Gefühle ergriffen, sich nicht ganz ungern in die Klostermauern einschloss, aber unwahrscheinlich ist dies, auch wenn man von seinem früheren Leben absieht, schon deshalb, weil, sowie er wieder in Gnaden aufgenommen war, er sich ganz den politischen Geschäften widmete und während mehrere Jahre Corbie auf längere Zeit nicht wieder gesehen hat. Wala war kein Mann, der sich berufen fühlte, sein Leben in beschaulichem Nichtsthun zu beschliessen, da er aber einmal geschoren war, machte er aus der Noth eine Tugend und das war das Klügste. Er stellte sich so, als habe ihn allein ein innerer Drang dem Kloster zugeführt, er erfüllte streng seine Andachtsübungen, lebte genau nach der Regel und nahm so völlig den Charakter eines Mönchs an, dass er sogar seine nächste Umgebung, selbst den Radbert, täuschte. Dennoch liess ihn seine praktische Natur keine Ruhe; er war es vorzüglich, der mit Eifer den alten Plan, in Sachsen ein Kloster zu gründen, wieder aufnahm und mit dem jüngeren Adalhard, dem damaligen Abte von Corbie, 815 die erste Anlage machte (Transl. S. Viti Cap. 7 und 8).

Vielleicht war der Tod Benedikts von Inden die Veranlassung, dass Ludwig der Fromme 821 den Adalhard aus der Verbannung zurückrief und dem Wala wieder Zutritt zum Hofe gewährte. Leider fliessen auch jetzt unsre Nachrichten über ihn nur sehr spärlich. Das wenige, was wir erfahren, lässt so viel erkennen, dass ihn Talent und Neigung zu einer politischen Thätigkeit zogen und dass seine Zeitgenossen in ihm vorzugsweise einen Politiker sehen. Umsomehr müssen wir bedauern, nichts Genaueres von seinen politischen Plänen zu wissen.

Zunächst benutzten die Brüder ihren wiedergewonnenen Einfluss, um die sächsische Tochterstiftung von Corbie, welche ungünstig gelegen nicht gedeihen wollte, vom Untergange zu retten (Transl. S. Viti Cap. 10 und 11). Im Sommer 822 gingen sie selbst nach Sachsen und am 8. August erfolgte in ihrer Gegenwart die feierliche Besitzergreifung der Stätte, auf der das neue Kloster erbaut werden sollte. Der Grund und Boden wurde, wie die Urkunden ausdrücklich bemerken, vom Kaiser auf Bitten des Adalhard geschenkt und dem gegenüber lässt sich die Angabe des Radbert, dass Wala einen jungen Sachsen bewogen habe, das Land herzugeben, nicht halten. Unmittelbar nach der Grundlegung eilten die Brüder fort, aber wohl nicht, wie Simson (II, 268) meint, nach Corbie, sondern auf den Reichstag von Attigny, der in der zweiten Hälfte des August abgehalten wurde. Dass Wala demselben beiwohnte, wird zwar nirgends ausdrücklich gesagt, ist aber nicht zu bezweifeln. Wir wollen von Agobards Schrift De baptismo Judaeorum absehen, welche man zwar wahrscheinlich in das Jahr 822 setzen muss (Simson I, Excurs 7), deren Datirung indessen nicht ganz sicher ist. Aber der Reichstag von Attigny war der erste, der nach der Begnadigung des Wala stattfand; auch war Adalhard auf demselben, wie wir aus Agobards Schrift De dispensatione ecclesiast. rer. Cap. 2 wissen, und Wala hatte mit ihm unmittelbar nach der Gründung von Corvey Sachsen verlassen. Ausserdem wird es nöthig gewesen sein, dass er mit dem jungen Lothar persönlich bekannt wurde, ehe er mit ihm als sein Vertrauter und, wie Radbert richtig aber krass sagt, als sein paedagogus nach Italien ging. Der Kaiser ermahnte nämlich seinen Sohn, er solle seine Begleiter — es war ausser dem Wala der Oberthürwart Gerung — nicht nur in den öffentlichen, sondern auch in seinen persönlichen Angelegenheiten zu Rathe ziehen (Ann. Einh. 822). Aus diesen Gründen ist es undenkbar, dass Wala nicht zu Attigny gewesen sein sollte.

Noch im Herbste 822 brachen Wala und Lothar nach Italien auf. Ihre Reise hatte den Zweck, in diesem Lande bessere Rechtszustände zu schaffen und es scheint, dass ihnen dies, wenn auch nicht in vollem Umfange, so doch zum Theil gelungen ist. Denn in dem etwas legendenhaften Berichte des Chremes mag zwar viel Unwahres und Uebertriebenes sein, aber worauf es ankommt, die Energie und die Erfolge des Wala lassen sich darin deutlich erkennen. Auch die übrigen Angaben der V. Walae über seinen Aufenthalt in Italien, welche wir früher nur als nicht unmöglich hinstellen konnten, dürfen wir jetzt nicht mehr beanstanden, weil, wie wir nachgewiesen haben, Radbert nicht daran dachte, in systematischer Weise die Geschichte zu fälschen, und weil er in Chremes, oder wie der Mönch geheissen hat, der den Wala begleitete, einen guten Gewährsmann hatte. Danach ist Wala 823 nicht mit dem Lothar nach Deutschland zurückgekehrt, sondern ist mindestens bis zum Sommer 824 in Italien geblieben und hat mit dem Papste Eugen bei seiner Ordination, die Ende Mai oder Anfang Juni 824 erfolgte, Verhandlungen geführt (vrgl. S. 25). Im Juli kam Lothar zum zweiten Male über die Alpen, ohne von einem der ersten Rathgeber des Kaisers begleitet zu sein und schloss mit dem Papste im November das römische Statut ab. Wenn man diese Thatsachen nebeneinander hält, so wird es Jedem einleuchten, dass Niemand anders als Wala das Verdienst gebührt, diesen glücklichen Erfolg in Rom errungen zu haben. Wirklich steckt in jenen Verordnungen Etwas von dem Karolingischen Geiste, dass man sie schon deshalb einem Schüler Karls des Grossen zutrauen darf (Simson I, 232). Spätestens im Sommer 825 mit dem Lothar wird Wala Italien verlassen haben, denn wir können in der zweiten Hälfte des Jahres seine Anwesenheit im Frankenreiche nachweisen (Transl. S. Viti 12). Er brachte den Brüdern von Corbie reiche Geschenke mit, die ihm, wie er sagte, von den italischen Grossen aufgenöthigt waren (vrgl. S. 28). Ob dem so war, lässt sich nicht mehr entscheiden, es scheint jedoch, als hätte die Erwerbung nicht in ganz rechtmässiger Weise stattgefunden.

Mit dem Schlusse des Jahres 825 ging Walas Bruder Adalhard, nunmehr ein 73jähriger Greis, seinem Ende entgegen (Transl. S. Viti 12). Er wünschte, dass das Kloster Corvey, dem er ebenfalls vorstand und dem er schon bei seiner Gründung das Recht der freien Abtswahl ausgewirkt hatte, sich noch bei seinen Lebzeiten einen Nachfolger erwählte. Die Brüder beabsichtigten, den Wala zu ihrem Abte zu machen, und dieser war gern bereit, eine Würde anzunehmen, auf die er schon lange seinen Sinn gerichtet hatte. Er hatte nämlich mit seinem Bruder bereits bei der Stiftung durchgesetzt, dass an Corvey alle sächsischen Besitzungen des Mutterklosters übertragen würden, was ihm so heftigen Tadel einbrachte, dass Radbert genöthigt ist, ihn deswegen zu rechtfertigen. Weshalb er mehr danach trachtete, Abt des Klosters Corvey statt des viel reicheren und mächtigeren Corbie zu werden, begreift man nicht recht; eine kleinliche Selbstsucht kann ihn dazu nicht bestimmt haben, vielmehr muss er sich mit weitgehenden, ehrgeizigen Plänen getragen haben. Ende 825 begab er sich selbst nach Corbie, um persönlich seine Wahl zu betreiben, die sich indessen aus unbekannten Gründen verzögerte. Am 2. Januar 826 starb Adalhard. Kaum war, wie die Transl. S. Viti erzählt, die Nachricht von dem Ableben desselben in Corvey eingetroffen, als Wala auf höheren Befehl an den kaiserlichen Hof nach Achen eilte und von dort in sein eignes Kloster, wo ihn die Mönche sofort zum Abte wählten. Zwar bleibt uns hier der innere Zusammenhang unklar, aber es ist kein Grund, an den Thatsachen zu zweifeln. Um die Bestätigung einzuholen, wurde Radbert an den Hof geschickt. Was er uns von dem Widerstreben des Kaisers erzählt, das er erst habe überwinden müssen, ist Fabel, denn Wala genoss das Vertrauen desselben sowohl vorher als nachher (vrgl. S. 6).

Seine neue Stellung hinderte ihn nicht, noch ebenso eifrig wie früher in Staatsgeschäften thätig zu sein. Im Juni 826 finden wir ihn auf dem Reichstage von Ingelheim, wo auf seinen Rath dem Dänenkönige Harald der junge Ansgar als Missionar beigegeben wurde (V. Ansgarii 7). Sein Scharfblick und seine Menschenkenntniss hatten ihm den Mann gezeigt, der fähig war, der Apostel des Nordens zu werden. Im Uebrigen weiss Radbert viel Rühmliches von Walas Thätigkeit als Abt zu berichten und es scheint wirklich, als sei er eine der Herrschernaturen gewesen, die auch unter widerstrebenden Elementen mit Leichtigkeit Zucht und Ordnung zu erhalten wissen. Hatte doch auch einst auf die trotzigen, halb heidnischen Sachsen seine Gestalt einen weit mächtigeren Eindruck gemacht, als die ehrwürdige Erscheinung des greisen Adalhard (V. W. I, 16). An der literarischen Bewegung, welche damals hauptsächlich von den Klöstern ausging, scheint er sich nicht aktiv betheiligt zu haben, offenbar lebte er ganz in seinen politischen Ideen und überliess die wissenschaftliche Unterweisung der Mönche seinem gelehrten Freunde Radbert.

Die erste Hälfte der Regierung Ludwigs des Frommen, welche ungefähr bis zum Jahre 827 geht (Simson I, 272), war trotz vielfachen Missgeschicks im Allgemeinen nicht unglücklich gewesen. Zwar fehlte ein Brennpunkt, in welchem sich alle verschiedenen Kräfte sammelten, wie ein solcher die Person Karls des Grossen gewesen war, aber die Schüler desselben hatten noch in seinem Geiste, wenigstens in seiner Art fortregiert und das Reich im Wesentlichen zusammengehalten. Unter diesen nahm, darüber sind sich alle Quellen einig, Wala eine hervorragende Stelle ein. Sowie er aus der Verbannung zurückgekehrt war, hatte er sich sofort in die besten persönlichen Beziehungen zu Ludwig zu setzen gewusst, welche auch in den folgenden Jahren fortdauerten, und wie viel man ihm in der Zeit zutraute, geht aus den beiden Briefen des

Erzbischofs Agobard von Lyon hervor, in welchen derselbe um seine Fürsprache bei dem Kaiser bittet (Agob. ed. Bal. I, 98 und 192; Simson I, Excurs 7). Auch das Vertrauen des Lothar muss er sich völlig erworben haben, denn andernfalls wäre er wohl kaum gleichsam als sein väterlicher Freund 822 mit ihm nach Italien geschickt worden.

Für die nun folgenden Ereignisse ist uns das zweite Buch der V. Walae eine bessere Quelle als für die vorhergehenden das erste. In deutlicheren Umrissen tritt das Bild des Wala vor uns hin und trotz der unrichtigen Auffassung seines Charakters und der Dürftigkeit der Nachrichten wird es uns möglich sein, ihren Hauptzügen nach seine Politik zu verfolgen.

Zwei Jahre verlieren wir Wala aus den Augen und da wir ihn wiederfinden, Ende 828, hat sich Vieles verändert. Deutlich zeigen sich schon die Spuren der inneren Auflösung des Frankenreichs. Radbert urtheilt ganz richtig, wenn er sagt: mala quae per partes creverant, primum isto in tempore feriuntur: crevit enim hoc imperium prosperis successibus usque ad praesens, quasi in perfectam aetatem plenitudinis; sed vitia quae per partes, ut adsolet, in prosperitate commissa sunt, coacervata inoleverant. Der Klerus war verweltlicht und verkam in einem unwürdigen Leben, die Beamten missbrauchten ungestraft ihre Gewalt und bedrückten das niedrige Volk, dessen Lage ohnehin eine traurige war; denn in den letzten Jahren waren Missernten eingetreten, welche an vielen Orten Hungersnoth erzeugten und die elenden Zeiten doppelt schwer empfinden liessen. Lange hatte Ludwig die Dinge gehen lassen, wie sie eben gingen, bis er sich endlich aus seiner trägen Ruhe aufraffte. Gedrückt und niedergeschlagen berief er Ende 828 eine Versammlung von weltlichen und geistlichen Grossen und forderte sie auf, nachzuforschen, wodurch das Frankenreich den Zorn Gottes erregt habe. Daraufhin setzte Wala eine Rede auf, welche er auf dem nächsten Reichstage vortrug. Er macht dem Kaiser die schwersten Vorwürfe, dass er seine Regentenpflichten vernachlässige und sich dafür in kirchliche Dinge einmische, die zu ordnen Sache der Bischöfe sei. Vornehmlich warnt er ihn, sich nicht an dem Kirchengut zu vergreifen, denn das sei ein Sakrilegium. Wenn der Staat nicht bestehen könne, ohne die Geistlichen zu den Lasten heranzuziehen, so müsse man sich mit ihnen einigen, damit sie nicht gezwungen würden, sich mit weltlichen Dingen zu befassen. Auch dürfe man den Dienern Gottes gönnen, dass sie sich in Christus freuten nicht nur in Folge der Versprechungen auf die Zukunft, sondern auch in Folge der Tröstungen der Gegenwart. Genau wissen wir nicht, wie sich die Ereignisse weiter entwickelten, aber offenbar stand Wala nicht allein mit seinen Klagen. Wir haben eine Eingabe von Bischöfen an den Kaiser, die wir wahrscheinlich in diese Zeit setzen müssen und in der Reformen gefordert werden, die auf der Pariser Synode zur Sprache kamen. Das schliessliche Resultat war, dass man zu dem alten Auskunftsmittel griff, Königsboten auszusenden und vier Synoden auf das folgende Jahr zu berufen. Walas Verhältniss zu der Reformbewegung zu bestimmen, ist schwierig. Vor dem Kaiser hat er gesprochen wie ein Mann, dem einzig die Grösse und das Wohl der Kirche am Herzen liegt. Aber schon das muss bei näherer Betrachtung auffallen, dass er in seiner Rede, soweit wir sie kennen, Nichts von der sittlichen Verderbtheit der Geistlichkeit sagt, sondern etwaige Ausschreitungen sehr milde beurtheilt, dass er für das ganze Unglück allein den Kaiser verantwortlich macht. Offenbar sind nun auch die auf dem Reichstage anwesenden Bischöfe selbst zu der Ueberzeugung gekommen, dass er in erster Linie an etwas Anderes dachte als an kirchliche Reformen; denn sie fragten ihn, was er eigentlich wolle, worauf er eine ausweichende Antwort gab. Aber trotzdem, waren auch seine Pläne andere als die ihrigen, hat er ihre Bestrebungen bis zu einem gewissen Punkte unterstützt, weil ja auch sie die Politik des Kaisers angriffen, aber während sie nur die Hebung ihres Standes und freilich ernst gemeinte Reformen wünschten, beabsichtigte er zuvörderst nur, den Kaiser von der willkürlichen Vergabung von Kirchengut abzubringen. Dabei lag es ihm aber durchaus fern, als Grundsatz aufzustellen, dass der Staat keine Rechte auf dasselbe habe und deshalb verlangte er zweimal, dass man mit dem Klerus eine gütliche Uebereinkunft treffen müsse. Sein Ziel war, die Macht der Kaiserin zu brechen, indem er ihr das Mittel nahm, den Anhang ihres Sohnes Karl zu verstärken. Damit hoffte er zugleich die Herrschaft über den Kaiser wieder zu gewinnen, die er, wie die Heftigkeit seines Angriffs schliessen lässt, verloren hatte (vrgl. S. 33 u. folg.).

Ob seine Rede auch nur einen momentanen Erfolg gehabt hat, wissen wir nicht, auf die Dauer war Ludwig sicherlich nicht eingeschüchtert. Die Kaiserin hielt ihren Gemahl noch fest in der Hand und zeigte ihre Ueberlegenheit dadurch, dass sie im Sommer 829 den Grafen Bernhard von Barcelona als Kämmerer an den Hof berief. Dass zwischen diesem Ereignisse und jenem Reichstage ein direkter Zusammenhang bestand, wird zwar nirgends in unsern Quellen ausdrücklich bemerkt, aber der Astronomus (Cap. 43) giebt uns eine Andeutung, indem er sagt: Ludwig habe den Bernhard als Schutzwehr gegen geheime Umtriebe der Grossen an den Hof gezogen. Was diese, oder wenigstens ein Theil von ihnen, erstrebten, kam eben in der Rede des Wala zu Tage. Nun hatte die Kaiserin völlig Oberwasser. Wala war überdies fern vom Hofe, er lag in Corbie an der Ruhr danieder, von der er erst im Winter 829 auf 830 völlig genas. In ihrer Allmacht entfernte sie im Sommer 829 den Lothar von der Regierung und schickte ihn nach Italien, so dass sein Name von nun an aus den Kaiserurkunden verschwindet, und setzte um dieselbe Zeit ihre Pläne für ihren Sohn Karl durch, indem sie ihm Alamannien, Elsass, Currätien und einen Theil von Burgund übertragen liess (Simson I, 327 u. folg.). Damit hatte sie es freilich mit allen Parteien verdorben: die Aristokratie war durch ihren und Bernhards Anhang von den Staatsgeschäften zurückgedrängt und durch die Verbannung der Grafen Hugo und Matfried gekränkt (Simson I, 288), die älteren Söhne sahen sich in ihrem Besitze beschränkt oder bedroht und an vielen Orten war man erbittert über die Nichtachtung der Erbfolgeordnung vom Jahre 817. So kam es, dass sich die verschiedenen Parteiinteressen doch zu einem Bunde einigen konnten.

Die Verschworenen haben nach einem festen Plane gehandelt, der uns nicht bekannt ist: man sieht aus V. Walae II, 8 deutlich, wie der Aufstand vorbereitet wird (vrgl. S. 40). In Corbie, wo sich Wala aufhielt, kommen und gehen die Grossen und berathen sich mit ihm. Er selbst besucht noch einmal den Hof, ob indessen, wie Radbert erzählt, um dem Ludwig die Augen zu öffnen und den Bernhard, mit dessen Schwester er einst verheirathet gewesen war, auf bessere Wege zu führen, darf man bezweifeln. Kaum ist er in sein Kloster zurückgekehrt, so erscheinen wiederum einige Grosse bei ihm, welche berichten, dass Bernhard den Kaiser zu ermorden beabsichtige. Wala verabredet mit ihnen, dass sie sich wieder an den Hof begeben, von wo sie gekommen waren, und ins Geheim nach den Plänen der Judith und ihrer Rathgeber forschen, damit man zur rechten Zeit losschlagen könne. Dies geschieht und da er günstige Nachrichten erhielt, erhob er sich mit einigen vornehmen weltlichen und geistlichen Herren gegen den Kaiser. In Verberie, wo sich die Aufständischen sammelten, stiess König Pippin mit seinem Zuzug, den er auf Geheiss seines Vaters gegen die Bretonen führen sollte, zu ihnen und hier schloss sich ihnen der jüngere Ludwig an, doch kam er nicht mit einem Heere.

Bezeichnend ist die Art und Weise, wie Wala und seine Parteigenossen vorgingen. Sie stellten sich als Retter des Vaterlandes und des Kaisers hin, den sie aus den Händen seiner buhlerischen Gattin und ihres Geliebten, des Bernhard, befreien wollten; dieser habe nicht nur das Lager seines Herrn geschändet, sondern auch beabsichtigt, ihn und seine Söhne aus dem Wege zu räumen; Wala selbst konnte sich nur trauernd und weinend zu einer offnen Erklärung gegen den Kaiser entschliessen. Durch solche Künste werden sie den fränkischen Heerbann zum Abfalle von seinem rechtmässigen Oberherrn verleitet haben. Es ist übrigens möglich, dass die Pläne des Wala und der Aristokratie ursprünglich nicht weiter gingen als auf eine Entfernung der Judith und des Bernhard (Enhardi Fuld. Ann. 830).

Von dem, was inzwischen in der Umgebung des Kaisers vor sich gegangen war, berichtet uns Radbert Nichts, weil er nicht dabei war; dafür erzählt er als Augenzeuge von dem Reichstage von Compiegne. Im Allgemeinen ist seine Darstellung nicht richtig; denn Ludwig wurde zwar nicht förmlich abgesetzt, blieb aber zunächst machtlos. Freilich die Worte, die er ihm in den Mund legt, oder ähnliche kann er gesprochen haben. Wie sich Wala zu dem Fortgange der Bewegung verhalten hat, wird uns verschwiegen und doch wäre zu seiner Beurtheilung höchst wichtig, dies zu wissen. Lothar konnte seine Herrschaft nicht behaupten, denn die Coalition fiel auseinander, sobald der Sieg errungen war; die Aristokratie suchte ihren Vortheil (Nithard I, 3) und Ludwig und Pippin dachten nicht daran, die Oberherrschaft des Vaters mit der des Bruders zu vertauschen. Ob in dieser Verlegenheit Lothar daranging, seinen Vater in St. Medard zu einer freiwilligen Abdankung zu nöthigen, ist möglich, lässt sich aber nicht als sicher nachweisen; denn freilich, wenn er jetzt auf gesetzmässigem Wege hätte Alleinherrscher werden können, er hätte vielleicht sein Spiel gewonnen. Statt dessen dankte der alte Kaiser nicht ab, sondern gewann in dem Mönche Guntbald einen staatsmännisch klugen Rathgeber und geschickten Unterhändler (Nithard I, 3).

So kam der Reichstag von Nimwegen heran (Oct. 830), auf welchem der schwache Lothar, aus dessen Umgebung man die geistig bedeutendsten Männer seiner Partei zu entfernen gewusst hatte, aller seiner Erfolge verlustig ging. Wala wurde, ehe noch die Verhandlungen begannen, nach Corbie geschickt, um dort nach der Regel zu leben (Astron. 45). Im Februar 831 vor ein geistliches Gericht gestellt, musste er seiner Würde als Abt entsagen und wurde in die Nähe des Genfer Sees verbannt, wahrscheinlich nach Chillon. Aber schon in den nächsten Monaten bot sich ihm eine Gelegenheit frei zu werden; denn Ludwig wollte unklugerweise seine Gegner durch Milde besiegen. Radbert begab sich im Auftrage des Hofes, wenigstens im Einverständniss mit demselben, zu ihm und forderte ihn auf, beim Kaiser um Begnadigung einzukommen; er würde, wenn er nur eingestände, dass er sich vergangen hätte, nicht nur Verzeihung, sondern hohe Ehren obendrein erlangen. Wala weigerte sich aber; er war zu einsichtig, um nicht zu erkennen, wie gefährlich ihm ein solcher Schritt für den Augenblick und wie nachtheilig für die Zukunft werden konnte. Er blieb nicht lange am Genfer See. Man brachte ihn zunächst nach der Insel Noirmoutier an der Loiremündung, wo schon Adalhard als Verbannter 7 Jahre gelebt hatte, von dort in ein Deutsches Kloster und schliesslich wieder zurück nach Corbie. Es geschah dies, wie Radbert erzählt, weil man bei Hofe fürchtete, er möchte die Söhne gegen ihren Vater aufreizen. Wir müssen bei seinen politischen Anschauungen bezweifeln, dass er mit Ludwig und Pippin bei ihren Empörungen 831 und 832 in Verbindung getreten ist. Der Hof nahm dies jedenfalls an und hielt ihn überall für gefährlich. Weshalb man aber, wenn man ihn in dem von dem Kaiser unmittelbar beherrschten Gebiete haben wollte, ihn gerade in sein eignes Kloster brachte, ist nicht klar.

Wala muss im Winter 832 auf 833 wieder in Corbie eingetroffen sein; denn wie Radbert erzählt, kamen bald darauf, im Frühjahr 833, Gesandte der Söhne, welche ihm einen Brief des Papstes überbrachten und ihn aufforderten, sein Kloster zu verlassen, um sich der neuen Erhebung anzuschliessen. Der Bericht des Radbert, welcher als Augenzeuge spricht, macht durchaus den Eindruck der Wahrheit. Danach erschienen sie mit einem Haufen Bewaffneter, besetzten das Kloster und drohten, da Wala sich weigerte sie zu begleiten, ihn mit Gewalt fortzuführen. Erschreckt bestürmten ihn die Brüder doch nachzugeben und zugleich erzählten die Gesandten, wie sich die göttliche Allmacht schon für die Erhebung ausgesprochen hätte, denn die von dem Kaiser verschlossenen Alpenpässe hätten sich vor dem Papste ohne Anwendung von Gewalt geöffnet. Wenn uns weiter berichtet wird, Wala hätte sich schliesslich durch die Bitten der Brüder umstimmen lassen, so ist das kaum glaublich; wir haben nur als Thatsache festzuhalten, dass er sich zuerst weigerte, den Gesandten zu folgen, es aber am Ende doch that. Die kleine Schaar machte sich mit dem Wala, in dessen Begleitung sich Radbert befand, von Corbie aus auf den Weg, um den oberen Rhein, das Centrum des Aufstandes, zu erreichen. Auch dieser zweite Theil des kühnen Streifzuges, welcher bis so weit den gewünschten Erfolg gehabt hatte, gelang, sie schlichen sich durch die heranziehenden Heeresmassen des Kaisers durch und kamen glücklich bei den Söhnen und dem Papste an, von denen sie mit grosser Freude empfangen wurden.

In den folgenden Capiteln der V. Walae tritt die Thätigkeit des Wala mehr in den Hintergrund, es nimmt Radbert einen Anlauf, die allgemeinen geschichtlichen Verhältnisse darzustellen, zwar nicht weil er meint, dies sei für eine Lebensbeschreibung des Wala nothwendig, aber weil er als Augenzeuge erzählen kann. Es ist das, was wir hören, für uns nicht ohne Interesse; die Beweisstellen, auf die sich der Papst in seiner Entgegnung an die Bischöfe stützt, wurden ihm von Radbert verschafft; wir erfahren in authentischer Form den Briefwechsel zwischen Ludwig und seinen Söhnen, wenigstens die Antworten der letzteren; Radberts Angaben über die Sendung des Papstes an den Kaiser liefern, mit den betreffenden Stellen des Astronomus und Thegan combinirt und durch sie corrigirt, ein klares Bild von den Vorgängen unmittelbar vor der Katastrophe; auch ersehen wir aus Cap. 18, dass die Söhne und ihre geistlichen Anhänger 833 in derselben heuchlerischen Weise redeten wie 830 (vrgl. S. 50—55).

Es ist gerade kein Beweis für die politische Klugheit des Lothar, dass er sich nach den Erfahrungen des Jahres 830 an der neuen Erhebung 833 betheiligte. Bei Ludwig und Pippin begreift man, dass sie sich gegen ihren Vater empörten, sie kämpften um ihre Existenz, aber Lothar hätte erkennen müssen, dass für ihn die grössten Schwierigkeiten erst nach dem Siege anfingen. Denn sobald er an Stelle des gestürzten Vaters eine feste Oberherrschaft begründen wollte, mussten sich seine Brüder mit diesem verbinden und einer solchen Vereinigung war er nicht gewachsen. Auf diesem Wege musste er immer den Kürzeren ziehen, während sie immer ihre Rechnung fanden. Nur in dem einen Falle konnte die Erhebung glücken, wenn sein Vater freiwillig von der politischen Bühne abtrat. Es scheint nun ein Dogma der lotharianischen Partei gewesen zu sein, an dem man mit Eigensinn festhielt, dass man den Kaiser durch geistliche Mittel lenken und nöthigenfalls zur Abdankung zwingen könne, dass man nur nicht ermatten dürfe, um endlich zum Ziele zu gelangen. 828 hatte Wala einen Versuch gemacht, sein Gewissen zu beunruhigen, um einen politischen Plan zu verwirklichen, 830 mussten ihm die Mönche von St. Medard Vorstellungen machen, ins Kloster zu treten, und trotzdem Ludwig beide

Male fest geblieben war, wagte man 833 noch einen dritten Versuch. Man hatte das Gefühl, dass von dem Gelingen oder Missglücken Alles abhing, und daher die entsetzliche Hartnäckigkeit, mit der man den alten Kaiser marterte. Als er dennoch standhaft aushielt, konnte der schliessliche Ausgang der zweiten Erhebung nicht mehr zweifelhaft sein. Es regte sich der Unwille der Völker, als sie sahen, wie sich ihr Herrscher vor seinem Sohne beugen musste, und sie wurden von Scham ergriffen, dass sie ihm zweimal die geschworene Treue gebrochen hatten. Zudem konnte Lothar seine eigne Partei nicht mehr im Zaume halten; gierig ging die Aristokratie ihrem eignen Vortheile nach und Pippin und Ludwig näherten sich ihrem Vater. Es spielten sich im grösseren Massstabe die Ereignisse von 830 ab und das Ende war, dass Lothar wieder nach Italien weichen musste. Den einzigen Vortheil hatten von der Erhebung seine beiden jüngeren Brüder gehabt.

Ob Wala einen so unglücklichen Ausgang vorausgesehen hat und wie gross sein Antheil an den Begebenheiten gewesen ist, lässt sich nicht mehr mit Sicherheit sagen. Das Eine ist unleugbar, dass er dem Lothar in den beiden Jahren sehr fern stand und dass dieser seinen Rath entweder nicht verlangte oder nicht befolgte. Man betrachte nun die folgenden Thatsachen: bei dem Ausbruche der Empörung weigerte sich Wala, an derselben Theil zu nehmen; während derselben wären seine Beziehungen zu Lothar sehr lau; am Schluss forderte ihn Kaiser Ludwig auf, bei ihm zu bleiben; von Italien aus war er eifrig bemüht, ein günstiges Verhältniss zwischen Vater und Sohn herzustellen. Hienach ist es mehr als wahrscheinlich, dass er überhaupt gegen die Bewegung des Jahres 833 war, weil er nach den Ereignissen von 830 erkannte, dass ein Bündniss der drei älteren Söhne gegen ihren Vater die von ihm gewünschten politischen Resultate niemals liefern könnte.

Zunächst war freilich viel verloren, aber er gab seine Sache nicht auf und verzweifelte auch nicht an Lothar. Er ging mit ihm nach Italien, um ihn vor neuen Uebereilungen zu bewahren und wurde trotz der Kluft, die sich in den letzten Jahren zwischen ihnen gebildet hatte, wieder sein erster Rathgeber (Prudent. Trec. Ann. 836). Für Corbie erhielt er die Abtei Bobbio, sei es durch die Wahl der Mönche oder, was wahrscheinlicher ist, durch Verleihung des Lothar. Indem er den alten Fehler vermied, ging von nun an sein ganzes Streben dahin, mit Hülfe des Kaisers und der Kaiserin, wenn auch mit Opfern an den jungen Karl, eine völlige Zersplitterung des Reichs zu verhindern und dem Erben Ludwigs in der Kaiserwürde, dem Lothar, eine möglichst grosse Macht zu erhalten. Seine Bemühungen wurden von Erfolg begleitet. Im Mai 836 besuchte er selbst an der Spitze einer Gesandtschaft von Italien aus den Reichstag von Diedenhofen, wo ihm ein höchst ehrenvoller Empfang bereitet wurde und ihm Kaiser und Kaiserin Alles verziehen, worin er sich gegen sie vergangen hatte (Astron. 55). Die Verhandlungen führten zu günstigen Resultaten: Wala konnte im Namen des Lothar die eidliche Zusicherung abgeben, dass derselbe im September selbst am väterlichen Hofe erscheinen würde, damit eine förmliche Aussöhnung stattfände. Dahin sollte es aber nicht kommen. Im Spätsommer trat in Italien eine Seuche auf, welche auch den Wala erfasste und ihn mitten unter seinen Plänen und Hoffnungen am 31. August 836 dahinraffte (vergl. S. 62). Wie Radbert erzählt, hat er noch in seinen letzten Augenblicken den Lothar, welcher ebenfalls krank daniederlag, ermahnt, seinem Versprechen nicht untreu zu werden, sondern in jedem Falle sich am kaiserlichen Hofe einzufinden. Er ging aber nicht; Anfangs hinderte ihn die Krankheit und dann suchte er allerlei Ausflüchte, um sein Ausbleiben zu motiviren (Simson II, 157). So war eine enge Verbindung zwischen ihm und seinem Vater nicht zu Stande gekommen und damit auch der letzte Plan Walas gescheitert.

Anknüpfend an Leibnizens Urtheil über den Wala: virum magnum fuisse constat, wirft Simson die Frage auf: Sollten wir wirklich genügenden Anhalt haben, uns Wala als einen grossen Mann vorzustellen? (Simson II, 157. Anm. 1). Jedenfalls war er ein überlegener Geist, der es verstand, die Menschen für sich zu gewinnen und nach seinem Willen zu lenken; er hat Karls des Grossen Vertrauen im hohen Masse genossen, er ist Jahre lang einer der ersten Rathgeber Ludwigs des Frommen gewesen, er hat nach der tiefen Entfremdung den Lothar 834—836 völlig gelenkt, er hat die rohen Sachsen für sich begeistert und unter den Mönchen seines Klosters so geschaltet, dass er noch lange in ihrer Erinnerung fortlebte. Charakter und Energie fehlten ihm nicht, er konnte sich erwärmen für grosse politische Ideen und ging nicht unter in kleinlichen Bestrebungen der Selbstsucht. Wohl hatte auch er seinen Ehrgeiz, doch war derselbe auf ein grosses Ziel gerichtet. Es ist wahr, es musste das Reich Karls des Grossen zerfallen, um neuen Bildungen Platz zu machen, ob aber so schnell, darf man bezweifeln. Das Gefühl der Zusammengehörigkeit war, wenn auch erschüttert, doch noch lebendig und noch 50 Jahre später konnte Karl III. das ganze Frankenreich in seiner Hand vereinigen. Wenn sich also Wala zum Ziele seines Lebens gesetzt hatte, mit allen Kräften dahin zu streben, dass die Einheit bewahrt bliebe, so jagte er keineswegs einem Ideale nach, das sich nicht verwirklichen liess, und es lag zum grossen Theile an dem Charakter des Lothar, dass er so wenig Erfolge erreichte. Freilich hatte seine Politik, wie ihr Simson vorwirft, eine kirchliche Tendenz, daraus kann man aber nicht ihm speciell einen Vorwurf machen, sondern nur der ganzen Zeit, denn seine Gegner waren durchaus nicht von der Verwerflichkeit dieser Tendenz überzeugt. Den Ideen seines grossen Meisters folgend, wünschte auch er, dass das fränkische Reich und die christliche Kirche Hand in Hand gingen und sich gegenseitig unterstützten, dass er aber nicht daran dachte, in dem Papste eine ebenbürtige politische Macht anzuerkennen, das bezeugt das römische Statut vom Jahre 824. Schlechtweg einen grossen Mann möchten wir Wala nicht nennen, denn dazu reichen unsere Nachrichten über ihn nicht aus, dazu wissen wir vornehmlich zu wenig von den Einzelheiten seiner politischen Pläne. Allein die Thatsachen belehren uns, dass er bei Feind und Freund als ein Mann galt, mit dem man zu rechnen hätte: als Feind und als Gefangenen hat ihn der Hof 831—833 in der strengsten Haft gehalten und da er als Freund 836 den Reichstag von Diedenhofen besuchte, wurde er mit den grössten Ehren empfangen.

So können wir denn in der Beurtheilung des Werthes der V. Walae — um von den älteren Historikern abzusehen — weder mit Dümmler noch mit Simson gehen. Wir können nicht, wie es Dümmler thut, dem Radbert so weit folgen, dass wir seine Auffassung von dem Charakter des Wala zu der unsrigen machen; wir sehen aber auch in der V. Walae mehr als „ein Machwerk, dem man nur insoweit mit Sicherheit vertrauen kann als seine Angaben durch bessere Quellen bestätigt werden"; denn eine Anzahl von Thatsachen, welche uns die V. Walae allein überliefert, sind historisch unanfechtbar. Auch kann dieselbe trotz verschiedener wissentlicher Entstellungen schon deshalb kein Pamphlet sein, weil dem Verfasser ein solches zu schreiben das politische Verständniss fehlte. Seine Darstellung sollte nur beweisen, dass Wala, dem man so viel Böses nachsagte, sich stets sittlich rein gehalten und stets den Geboten Gottes gehorcht hätte. Indem die Leser in dieser Weise belehrt wurden, sollten sie zugleich erbaut werden. Allein wenn auch die V. Walae keine historische Schrift im strengen Sinne ist, so hat sie doch ihren grossen Werth für die Geschichte Ludwigs des Frommen und ist dazu ein Werk so eigner Art, dass wir es ungern missen möchten.

Es ist der V. Walac ergangen wie vielen andern Quellen. Nachdem man sie lange Zeit für durchaus lauter und wahr gehalten hat, entdeckt man in ihr einige Unwahrheiten, auch absichtliche Entstellungen und wie auf Aktion Reaktion folgt, so geht man vom unbedingten Lobe zum unbedingten Tadel über und verwirft sie sogleich als ganz werthlos. Wenn es nun dieser Arbeit gelungen ist, zwar nicht alle Schwierigkeiten zu heben, aber doch den Standpunkt anzugeben, von wo aus man das Werk des Radbert in gerechter Weise beurtheilen kann, so hat sie ihren Zweck erfüllt.

Excurs.

Ueber den sächsischen Grafen Bernhard, von welchem Ludwig der Fromme die Mark Höxter gekauft haben soll.

Dass Ludwig der Fromme von dem sächsischen Grafen Bernhard die Mark Höxter gekauft hat, also den Grund und Boden, auf dem das Kloster Corvey erbaut wurde, ist uns an zwei Orten überliefert, in einer kurzgefassten Gründungsgeschichte von Corvey, fundatio Corbejensis monasterii, welche wir in einer Handschrift des 13. Jahrh. haben, und in einem Verzeichnisse der Corveyer Schenkungen, catalogus donatorum Corbejensium, welches aus der Zeit um 1160 stammt (Wilmans I, S. 507 und 508 und S. 111). Wilmans hält die Nachricht für alt und gut, indem er folgendermassen argumentirt: die fundatio ist von dem catalogus benutzt worden, muss also älter als 1160 sein; nach der in dem Texte vorkommenden Schreibung Hludowicus statt Ludowicus ist sie mindestens noch im 10. Jahrh. entstanden. Wir haben also eine sehr alte Aufzeichnung vor uns.

Der catalogus zerfällt in 2 Theile, von denen der erste um die Mitte des 12. Jahrh. geschrieben ist, der andere aber, nach der Handschrift zu schliessen, dem 13. Jahrh. angehört (Wilmans I, S. 510, Anm. 2). Für uns kommt nur der erste Theil in Betracht, welchem ein kurzer Bericht über die Gründung von Corvey vorangeschickt ist. Die nahe Verwandtschaft zwischen diesem und der fundatio ist so offenbar, dass sie nicht weiter nachgewiesen zu werden braucht, aber unmöglich ist die Annahme von Wilmans, dass der Verfasser des catalogus die fundatio benutzt hat; denn er, der die Corveyer Schenkungen verzeichnen will, lässt die einzige aus, die in der fundatio vorkommt. Zwar findet sich auch in dem catalogus die Schenkung von Eresburg und Visbeck, aber sie wurde erst in dem zweiten Theile nachgetragen. Wenn also der Verfasser des ersten Theils eine Vorlage gehabt hat, so ist es nicht die fundatio gewesen.

Dass die fundatio den catalogus benutzt hat, ist unwahrscheinlich, weil sie dann ihre Quelle in ziemlich unmotivirter Weise verkürzt und dafür andere Nachrichten aufgenommen haben müsste. Sehen wir lieber zu, ob wir nicht beide Schriften auf eine ältere Aufzeichnung zurückführen können.

Es giebt eine Handschrift des Thietmar, Mon. Germ. S.S. III, 731 codex 2 genannt, in welchem zwei spätere, auf die Gründung von Corvey bezügliche Zusätze enthalten sind, die in unverkennbarem Zusammenhang mit der fundatio und dem catalogus stehen.

Thietmar VII, 9. S.S. III, 840. 44-47.	Fundatio:	Catalogus:
Hic requiescit inclitus martir Vitus, septennis puer, translatus eo de Francia per Warinum, ejus loci primum abbatem, cujus martiris patrocinio Saxonia rerum suarum prosperitate in immensum excrevit.	Hludowicus — dedit preciosissimum Christi thesaurum, hoc est corpus sancti Viti martyris, quod transportaverunt de Gallia Warinus abbas et ejusdem loci venerabiles monachi, in cujus laude et gloria omnibus Saxoniae partibus pax Christi permanet et victoria.	(Warinus) dono praefati divae memoriae imperatoris et Hildewini abbatis corpus Viti septennis pueri monasterio intulit et mox patrocinio tanti martyris Saxonia rerum suarum prosperitate in immensum excrevit.

Thietmar VII, 53. S.S. III, 860. 39-41.	Fundatio:	Catalogus:
Domnus Ludowicus, electis probatissimis monachis de Gallia cum venerabili Adalhardo, datis reliquiis sancti Stephani prothomartiris, Corbejense coenobium ipsi construxit, et dedicari fecit.	(Hludowicus) vocatis de Gallia monachis religiosis commendavit eis reliquias sancti Stephani protomartyris et dans hanc marcam ad reliquias predictas jussit, ut in ista marca ecclesiam construerent et dedicari facerent in nomine sanctissimi protomartyris Stephani.	Electis autem probatissimis de Gallia monachis cum sancto Adalhardo, datis reliquiis sancti Stephani, hoc Corbejense coenobium ipse construxit et dedicari fecit.

Wilmans (I, 110) meint, dass der cat. eine der Quellen jener Zusätze zum Thietmar sei. Wenn dies richtig ist, so hätte der Schreiber, als er den ersten Zusatz verfasste, schon die Absicht gehabt, dieselbe Sache an einer anderen Stelle mit anderen Worten noch einmal zu erzählen, und hätte zu dem Zwecke für den ersten Zusatz nur den einen Satz des cat. benutzt, den andern sich aber für den zweiten aufgespart. Natürlich ist dies undenkbar. Aus denselben Gründen kann auch nicht die fund. die Quelle der Zusätze gewesen sein.

Ebensowenig ist es aber möglich, dass fund. und cat. direkt aus Codex 2 geschöpft haben. Denn einerseits sind in dem letzteren mehrere Schenkungen genannt, die sich nicht in dem cat. wiederfinden, und anderseits steht der Satz der fund., dass Ludwig der Fromme dem Kloster Corvey Eresburg und Visbeck geschenkt habe, in Widerspruch mit der richtigen Angabe des Codex 2. Da aber doch zwischen den drei Schriften eine offenbare Verwandtschaft vorhanden ist, so muss schon eine Aufzeichnung existirt haben, welche die älteste Geschichte von Corvey mit Ausschluss der Schenkungen erzählt und welche neben anderen Quellen auch den Codex 2 benutzt hat. Diese Zusammenstellung kann nicht die des Annalista Saxo 822 gewesen sein; denn dieser hat wohl Codex 2 ausgeschrieben und combinirt, aber einen Satz nicht aufgenommen, der sich in dem cat. wiederfindet: cujus martiris patrocinio Saxonia rerum suarum prosperitate in immensum excrevit.

Dadurch wird die Annahme von Wilmans, wonach die fund. noch im 10. Jahrh. entstanden ist, hinfällig. Mit der Schreibung Hludowicus, auf die er sich stützt, um der Schrift ein so hohes Alter zu vindiciren, hätte sich ohnehin nicht viel beweisen lassen, weil sich der Schreiber nicht consequent bleibt, wir S. 508 dreimal Hludowicus, S. 507 dagegen Ludowicus lesen. Positiv gegen das 10. Jahrh. spricht aber schon, dass bei den Ortsnamen stets statt der älteren Form — husun oder — huson die jüngere — husen gebraucht wird.

Fragen wir nun, wann und wo sich zuerst die Nachricht über den Grafen Bernhard findet, so müssen wir die fund. ausser Acht lassen, da wir gar keinen Anhaltspunkt für ihre Abfassungszeit haben. Sicher nachweisen lässt sich die Nachricht zuerst in dem cat. don. Corb., der nach Wilmans ungefähr 1160 entstanden ist. Höchst wahrscheinlich ist sie indessen schon in der Quelle des cat. vorhanden gewesen. Diese, von Codex 2 abgeleitet, kann natürlich nicht vor 1019, vor dem Tode des Thietmar, geschrieben sein. Nach unsern früheren Ausführungen müssen wir für Codex 2 auf eine andere Abfassungszeit kommen als Wilmans, der ihn nach 1160 setzt, weil er aus dem cat. don. Corb. und dem cat. abb. et fratr. Corb. combinirt, diese beiden Schriften aber um 1160 zu einem bestimmten Zwecke zusammengestellt seien. Dass der cat. don. nicht die Quelle, sondern die Ableitung ist, glauben wir nachgewiesen zu haben. Der cat. abb. et fratr. Corb. ist freilich eine der Quellen zu Codex 2, aber es ist unmöglich, dass er erst um 1160 verfasst sein soll. Die lange Reihe von Namen ist offenbar aus gleichzeitigen Aufzeichnungen hervorgegangen, deren Beginn wir nicht anstehen schon in die Mitte des 9. Jahrh. zu setzen; denn von den in der kurzen historischen Einleitung genannten Schenkungen fällt keine später: derjenige, welcher den cat. anlegte, trug die ein, welche bis zu seiner Zeit gemacht waren. Dass sich auch hier schon erwähnt findet, Kaiser Lothar habe die Insel Rügen dem Kloster geschenkt, ein Irrthum oder eine Fälschung des 12. Jahrh., braucht uns nicht zu beunruhigen, denn diese Angabe, am Schlusse stehend, kann bei der Abschrift um 1160 sehr wohl nachgetragen sein. Bestärkt werden wir in der Ueberzeugung, dass der cat. abb. um die Mitte des 9. Jahrh. begonnen wurde, durch den Umstand, dass unter Adalhard nur 9 Mönche genannt werden, unter denen sogar Ansgar fehlt, während man doch nach der Transl. S. Viti auf eine weit grössere Anzahl schliessen muss und unter dem Abte Warinus 57 als Neueingetretene aufgeführt sind: um die Mitte des 9. Jahrh. erinnerte man sich nicht mehr aller Mönche, die unter Adalhard in Corvey gelebt hatten. — Die Benutzung des cat. abb. lässt sich also nicht verwerthen für die Bestimmung der Abfassungszeit von Codex 2. Wir bleiben deshalb bei der alten Annahme, dass derselbe vor 1139 entstanden ist, weil der Annalista Saxo, welcher mit diesem Jahre schliesst, ihn ausgeschrieben hat. Die Zeit genauer zu fixiren wagen wir nicht; wegen der Nachricht, dass Kaiser Lothar den slavischen König Gestimulus 844 besiegt und sein Land dem Kloster Corvey geschenkt habe, könnte man an den Beginn des 12. Jahrh. denken (Wilmans I, 94 u. folg.).

Allein gehört auch Codex 2 schon dem Jahre 1019 an und ist aus ihm in demselben Jahre die Quelle der fund. und des cat. abgeleitet, so bleibt nichtsdestoweniger die Nachricht über den Grafen Bernhard für uns werthlos; denn wo wir im Uebrigen gut unterrichtet sind über die Gründung von Corvey, sind wir nicht berechtigt, einer 200 Jahre nach derselben auftauchenden Ueberlieferung Glauben zu schenken.